纪念毛泽东同志《在延安文艺座谈会上的讲话》发表七十周年

陈云与评弹界

中共中央文献研究室第三编研部 编

中央文献出版社

目录

■ 1980年春，陈云在浙江西子宾馆散步。

■ 1961年4月22日，陈云在北京观看上海市人民评弹团演出后会见评弹演员。左起：赵开生、沈伟辰、朱雪琴、周云瑞、杨振雄、陈云。

■ 1979年2月11日，陈云在北京北长街住所听评弹节目的录音。在他身后的书架上整齐地存放着评弹录音磁带。

■ 1980年4月20日，陈云在杭州观看上海评弹团演出后与演员合影留念。右起：杨振言、马小虹、陈云、余红仙、张振华、施振眉。

■ 1982年4月29日，陈云在杭州云栖会见上海、江苏、浙江评弹界人士，并同他们进行座谈、合影留念。一排左起：吴宗锡、朱雪琴、周良、陈云、张鉴庭、杨振雄、孙家贤；二排左起：周剑英、余红仙、张鉴国、杨振言、吴君玉、张效声、施振眉；三排左起：马来法、蒋希均、赵开生、朱良欣、王传积、华士亭、胡仲华。

■ 1987年4月6日，陈云在浙江西子宾馆住所听评弹节目的录音。

代序[*]

评弹发源于苏州，流行于江苏、上海和浙江地区，至今已有数百年的历史，积累有近百部传统长篇书目，是江南人民群众喜闻乐见的一种说唱艺术。

陈云同志出生在上海市郊青浦县，从小就喜欢评弹艺术。1958年以后，陈云同志利用公余和休养时间，听了大量的评弹书目，广泛接触过评弹艺人、创作人员和领导干部，以他一贯认真细致、实事求是的作风，对评弹艺术作了深入的调查研究，发表过许多具有重要指导意义的意见。

评弹是一种民间艺术。在旧时代编说的评弹书目中，既有民主性的精华，也有封建性的糟粕。评弹在进入大城市以后，商业化倾向趋于严重，增加了许多低级、庸俗的内容和穿插。解放以后，评弹艺人在党的领导下，提高了思想觉悟，在书目和说唱艺术的整理、革新、发展方面，做出了显著的成绩。但是，评弹同整个文艺一样，在发展中也经历过多次曲折和反复。解放初期，在净化传统书目、剔除封建糟粕的过程中，评弹艺人曾提出"斩封建主义尾巴"，停说了全部传统书目。在这期间，演出了一批根据传统戏曲和小说改编的书目，也编说了一定数量的反映现实生活和革命历史斗争的新书，使评弹艺术在题材、样式、风格等方面都丰富和提高了。1954年，纠正了停说全部传统书目的错误做法。之后，评弹的发展，正如陈云同志1978年所指出的，先后经历了四

---

* 这是1983年12月出版的《陈云同志关于评弹的谈话和通信》的编后记。现重新发表在这里，作为本图集代序。收入本图集时略有删节。

个阶段：(一)以说传统书和新编历史题材书为主，略有新书；(二)一刀切，都说新书；(三)"四人帮"搞"评歌、评戏"，否定评弹艺术；(四)现在到了以说新书为主，同时保存传统书优秀部分的百花齐放阶段。在评弹发展的各个阶段，当出现这样或那样的错误倾向的时候，陈云同志总是提出有远见的见解，坚持正确的方向。比如，1958年到1960年间，针对片面强调文艺的政治性、忽略其娱乐性的偏向，陈云同志指出："曲艺是一种群众性的文化娱乐。人们在劳动之后，喜欢听一些轻松愉快的东西。"1961年，评弹界一度出现了全盘肯定传统书目和乱放噱头的倾向，陈云同志写了《目前关于噱头、轻松节目、传统书回处理的意见》，并且指出："过去，节目太政治化了，所以现在要轻松一点，但不是把什么都搬出来。"陈云同志的及时提醒，给从事评弹工作的干部和艺人以深刻的教育。

陈云同志在指导评弹工作中，按照党的文艺政策，发扬党的民主作风和群众路线，抓住文化艺术的继承与发展、思想性与娱乐性、普及与提高等带有普遍性的问题，结合评弹艺术的实际，提出了许多宝贵的意见。这主要有下列四个方面。

一、正确对待传统书目。陈云同志十分重视评弹的传统书目。他认为，传统书目是在民间长期流传，经过历代艺人的加工逐步提高的，积累了丰富的经验。但在这些书目里，精华和糟粕并存，应该加以认真的整理，保留其具有教育和娱乐作用的部分，剔除其反动、迷信、黄色的部分。闭目不理有几百年历史的传统书，是一种历史虚无主义，这是错误的；全部肯定传统书，同全部否定一样，也是错误的。对于传统书目的整理工作，陈云同志从原则到方法都提出了许多正确的具体的意见。他特别强调："要用历史唯物主义观点来看问题，不能以对现代人的要求来要求古人。"他还指出："传统书目都要记录下来是一回事，这我同意，但演出是另一回事。公演的要整理，去掉坏的，保留好的。"1978年，曲艺界准备演出一些传统书的时候，他又指出："只有既说新书，又努力保存传统书的优秀部分，才是百花齐放。"

二、积极提倡和支持编说新书。陈云同志在强调继承、整理传统书目的同时，一直积极提倡和支持编说评弹新书，而且主张要以说新书为主。他认为，"这是时代的需要，革命的需要"，"文艺是意识形态的东西，要为经济基础服务，要为人民服务，为社会主义服务"。鉴于新事物开始时，往往"不像样子"，但有强盛的生命力，陈云同志提出："对老书，有七分好才鼓掌；对新书，有三分好就要鼓掌。"60年代初期，陈云同志十分关心《林海雪原》、《青春之歌》、《苦菜花》等新的长篇书目的编说工作；80年代初期，他对《真情假意》的演出表示了热情的支持。他听了新书，经常与演员、创作人员和领导干部进行研究、探讨，帮助他们总结经验，提高质量。他认为，把优秀的小说、戏剧、电影改编为评弹，必须根据评弹的特点，对原著进行改组，安排好"关子"。他还提出，编说新书主要应依靠有创作能力和经验的评弹艺人；书目可以由短到长，由粗到精。他强调，编说新书必须深入生活，熟悉时代背景，还要看书看报，学一点马列著作，提高思想政治水平。同时，要借鉴吸收传统评弹艺术经验。为了支持新书，陈云同志曾亲自为编说《青春之歌》、《林海雪原》的同志讲述当时的历史背景和地理环境。

三、重视评弹艺术的革新。陈云同志一贯主张，评弹要跟上时代的发展，必须革新。他除了在内容上提出了一系列改革的意见外，对于评弹表演艺术的革新也发表了许多精辟的见解。他认为，评弹艺术革新的前提，是保存和发扬评弹艺术的固有特色，也就是说，要按照评弹艺术本身的发展规律进行改革。他反复强调："评弹应以说表为主"，"评弹没有了噱头会是很大的寂寞"，"评弹应该不断改革、发展，但评弹仍然应该是评弹。评弹艺术的特点不能丢掉"。他对"四人帮"违反评弹艺术的特点，把评弹改成"评歌、评戏"很反感，指出这种做法是糟蹋了评弹。

陈云同志对评弹艺术的革新，给予热情的支持。他说过，现在唱的俞调和当年俞秀山唱的不一样了；马如飞的马调，分了好几派，这是后人的加工。他主张，随着时代的不同，社会的进步，要在继承传统的基础上发展、创新。他说："后来必须居上，才能发展；后来不居上，就要倒退。"以此鼓励青年人在艺术上大胆革新，超过老一辈。1981年，陈云同志提出了"要让评弹就青年"的意见。他还指出："就青年，不停顿于迁就，要逐步提高他们。"这就要求评弹艺术在内容、语言、节奏等方面跟上时代，适应青年群众的欣赏需要。

四、出人、出书、走正路。评弹的革新，首先是书目的革新，这要依靠广大艺人和创作人员来进行。艺术的革新和发展，是同文艺队伍的进步和提高结合在一起的。陈云同志非常关心评弹队伍的进步和提高，经常询问他们的学习和生活状况。1981年，他提出了"出人、出书、走正路"的要求。这为保存和发展评弹艺术、使评弹艺术得到健康发展指明了正确方向。

第一部分
1958-1966

交往纪事

1958年

秋

派秘书到上海市人民评弹团，搜集评弹资料及《玄都求雨》、《庵堂认母》等脚本。

1959年

9月22日

在上海瑞金宾馆同吴宗锡[1]谈话，询问上海市人民评弹团的情况。之后，两次到仙乐

陈云少年时代，在喜爱评弹的舅父廖文光带领下，常到家乡上海市青浦县练塘镇长春园书场听"蹠壁书"。图为长春园书场旧貌和拆迁后的新址外景。

书场观看晚场公演的节目。其中有张鸿声的《手托千斤闸》、杨斌奎的《怒碰粮船》等弹词选回。年末，开始连续听张鸿声的长篇评话《英烈》的录音。

秋

在杭州听上海长征评弹团评话演员陆耀良说《林海雪原》。

20世纪60年代初，陈云在杭州曾到三元书场和大华书场现场听书。图为三元书场外景和大华书场拆迁后新址的外景及内景。

---

[1] 吴宗锡，时任上海市人民评弹团（今上海评弹团）团长，后曾任上海市曲艺家协会主席、上海市文化局副局长、中国曲艺家协会副主席、江浙沪评弹工作领导小组组长、上海市文联副主席等职。

11月13日

在杭州同李碧岩①、施振眉②谈话。说：我从小就喜欢听评弹。在曲艺中，像评弹那样有很强感染力的，是少有的。评弹是大可发展的。评弹艺人开辟新地区是需要的，但主要还是要扩大业余队伍。只有当群众掌握了评弹，用这一形式来反映他们的生活，这样评弹节目更多了，群众基础就更好了，评弹才有了真正的发展。传统书不少是好的，但要搞新的。老书是经过了多少代艺人精心锤炼的。假如老的七分好，新的只有三分好，我们鼓掌倒是要先鼓这三分好的，让它经过反复锤炼变得更好。评弹艺术要研究改革，要有创造。当初俞秀山③、马如飞④他们改革时，曾遭到不少人的反对和歧视，到后来却受到听众的欢迎。

11月25日至27日

在杭州同李太成⑤、吴宗锡、李庆福⑥、何占春⑦谈话。说：目前评弹演出的书目，大体上可分成三类：一类书，即传统书，也称老书。这是长期流传、经过历代艺人加工，逐步提高的。在这类书目里，精华和糟粕并存，有的毒素较多、有的少些，评弹的传统说表艺术比较丰富。二类书，这是解放初期部分艺人发起"斩尾巴"⑧以后产生的。这类书目，大抵是根据古典小说和当时流行的传统戏曲改编的，一般讲，反动、迷信、黄色的毒素较少。但是，评弹的传统说表艺术也运用得较少。三类书，指现代题材的新书。这是解放后新编的。这类书目，

1959年11月25日至27日，陈云在杭州谢家花园同上海市文化局、上海市人民评弹团负责同志谈评弹工作问题，并同与会者合影留念。右起：李庆福、吴宗锡、陈云、李太成、何占春。

思想性一般比较强，但艺术上比较粗糙。对现代题材的新书，要采取积极支持的态度。新事物开始时，往往不像样子，但有了强盛的生命力。对老书，有七分好才鼓掌；对新

---

① 李碧岩，时任浙江省文化局副局长。

② 施振眉，原名施振楣，时在浙江省文化局戏剧处工作，后曾任浙江省文化局艺术处处长、浙江省文化厅艺术研究所所长、浙江省曲艺家协会主席、江浙沪评弹工作领导小组成员等职。

③ 俞秀山，是清嘉庆、道光年间的评弹艺人。他所创的流派唱腔，称为俞调。

④ 马如飞，是清咸丰、同治年间的评弹艺人。他所创的流派唱腔，称为马调。

⑤ 李太成，时任上海市文化局副局长，后曾任上海市文化局局长等职。

⑥ 李庆福，时任上海市人民评弹团副团长，后曾任上海市曲艺家协会副主席等职。

⑦ 何占春，时在上海市人民广播电台戏曲组工作，后长期负责陈云所需要的评弹节目的录音。

⑧ "斩尾巴"，指解放初期部分艺人发起的停说传统书目的运动。

书，有三分好就要鼓掌。要重视创新工作。专业作家不够，可以用带徒弟的方式培养。要发动评弹艺人深入生活，创作新节目。开篇、小唱也要写，这种形式短小精悍，便于反映现实生活，开展宣传活动。要扩大新书演出阵地。如果有些反映工农题材的短篇节目，在城市大中型书场里不受欢迎，干脆送到工厂、农村去，他们会欢迎的。二类书可以慢一步去整理。对传统书，要逐步进行整理。如果不整理，精华部分也就不会被广大听众特别是新的一代接受。精华部分如果失传了，很可惜。传统书目很多，不可能一下子都整理好。要就力之所及，采取积极的态度，逐步地搞，过急了不好。这是一个牵涉到许多人吃饭的问题，必须慎重。整旧工作可以分两步走，首先把最突出的坏的地方删掉，然后逐回整理。对疑难问题可以用争辩方式取得一致意见。这也是走群众路线。当意见不一致时，可以保留意见，不搞强迫命令。但要防止反历史主义的倾向，以免损害了精华部分。通过创新和整旧，满足广大听众的需要，促进艺人的思想改造，提高书目的思想性和艺术性。

12月2日

在杭州观看浙江省曲艺团王柏荫、高美玲演出的长篇弹词《白蛇传》。

12月31日

在杭州同评弹演员朱慧珍、苏似荫谈话，了解《玉蜻蜓》、《白蛇传》两部书演出和整理的情况。说：我每天要听书，每档书来杭州，我总要去听，下来就听录音。最近听了《白蛇传》，感到噱头太多。第一天就有11只噱头，我用笔记记下来的。噱头是要的，否则干巴巴，听众出了两角钱，不是来上政治课，作报告也要讲点笑话。但像"现原形"那样，说到白娘娘的蛇鳞，就不美了。新书我也很喜欢，像《礼拜天》，我连听了五遍，很好。

1960年

1月6日

写信给吴宗锡、李庆福。说：请你们帮我办两件事：一、把上海、苏州、常熟全部评弹艺人开列一张名单，注明各人所说的书目，是单档还是与谁搭档。二、请代找上海评弹协会出版的标明上海各书场当月说书艺人和所说书目的广告单，想从这里看看上海书场近几年说唱的书目。

1月7日至19日

在杭州多次到大华书场观看上海市人民评弹团徐丽仙、张维桢、朱介生演出的长篇弹词《双珠凤》。

1月20日

在杭州同徐丽仙、张维桢、朱介生谈话，了解说唱36个小时的长篇弹词《双珠凤》，有哪些是已经把传统说法改过的新的说法。随后，对整理传统评弹书目谈了以下意见：在内容上，要去其有害部分，保留精华部分和无害部分，压缩繁琐的部分。对原来的书回可以而且应该有必要的改编和精简，但要防止反历史主义的错误。唱段和唱篇要改组，在一般回目中，应有足够的唱段，唱段尽可能化整为零。应该保留必要的穿插、噱头，但不宜过多。经过整理，使精华部分突出，并将它们组成可以独立演出的中篇。在方法上，应该边改边说，总结经验，逐步改好。总之，通过整理传统书目，希望达到以下目的：思想上，精华突出，主题明确；结构上，能长能短，前后连贯；艺术上，既要严肃，又要活泼。谈话结束后，将上述意见分为八条写在纸上，托徐丽仙他们送给吴宗锡。

1月21日

写信给吴宗锡。说：徐丽仙等说唱36个小时的《双珠凤》是好的，每部旧书如能都有这样一步粗糙的但是有益的整理，则就可以说是一种成功。看来几个月整得完美是不可能的，而且也只有靠艺人自己来整理。

2月2日、3日

在苏州同郑山尊①、凡一②、周良③、曹汉昌④、颜仁翰⑤等座谈。说：要努力搞好新书目的创作，新书到群众中去演出，是会受到欢迎的。新书开始时不要怕短，有了短的就会有长的。新书开始时粗糙一些是难免的，好比拉面条就是由粗到细。新书有三分好就鼓掌。要扶持新书，对创作新书的人，不要挫伤他们的积极性。现在唱的俞调和当年俞秀山唱的不一样了。马如飞的马调，分了好几派，这是后人的加工。对新的总要多花点力量扶持。传统书目要整理。书目都要记下来，可以先录音，再翻成文字本，然后分别处理，分为不用、大体可用、用小部分这几类。学传统书，可以全部学下来，但演出要经过整理。噱头不可没有，又不可滥放，干巴巴也是缺点，应该是既严肃又活泼。要提倡严肃认真的台风。唱腔允许各有

风格，但要保持评弹特点。

2月5日至14日

在上海多次到文化俱乐部观看上海市人民评弹团的演出。14日下午，在瑞金宾馆同李太成、吴宗锡、李庆福谈话。4月15日，自北京到上海后又同吴宗锡谈话。这两次谈话的要点是：评弹应以说表为主，但也要适当注意唱的部分。说表也有量和质的问题。量是指书中说表的多少，少了不行，过多就陷于繁琐。质是指说表的好坏，不能过火或不足。像刘天韵说的《求雨》可以算得是恰到好处。开篇应该做到演出时每场都唱，当然不一定每档都唱，可以轮流唱，争取每年积累十个以上的新开篇。对新改编书目的作用应有足够估计，至少有三个好处：一是书目增加了；二是题材范围广阔了；三是唱篇比重增加了。这也是评弹艺术的一个发展。要在新改编的长篇弹词书目中选一两部不是才子佳人题材的书目，争取在两三年内提高到传统书目的艺术水平，以打破传统弹词书目大都以才子佳人、爱情故事为内容的状况。要发动评弹艺人进行创作，可以由短到长、由粗到精。可以选择一两档尝试用普通话说评弹。在评弹艺人中举办进修班，辅导他们提高创作和表演水平，这个办法很好。至于培

---

① 郑山尊，时任江苏省文化局副局长。

② 凡一，时任中共苏州市委宣传部长。

③ 周良，时任苏州市文化局副局长，后曾任苏州市文化局局长、苏州市文联主席、江苏省曲艺家协会主席、江浙沪评弹工作领导小组副组长等职。

④ 曹汉昌，时任苏州市评弹团团长，后曾任苏州评弹学校校长。

⑤ 颜仁翰，时任苏州市评弹团副团长。

养下一代的训练方法，应以集中、分散相辅而行，而以集中为主。评弹界也应该有自己的学校。青年人富有朝气，可以组织一批人说唱新书。对青年要多鼓励，但表扬要恰如其分，不要捧。

2月23日

写信给吴宗锡。提出：上海几个响档都不要到杭州来演出，原因是杭州不断地出现响档，会引起社会上觉得奇怪而注意，这对于我出入书场会有不便。凡属响档来杭，我就想去听或录音，每天听新书三小时，对我的身体不适当。杭州一地书场甚少，听众不多，某场来了响档，其他书场的艺人就会因卖座甚少而唱坍，使这些艺人以后在杭州这个码头名誉下降。常在上海演出的艺人，一下改在杭州每天日夜场演出三小时，困难甚多。我确实想听两档二类书，这两档只要像平常一样由上海或苏州民间艺人中派二三流的来杭就行了。因为我只要听听这些书的轮廓结构，每档只去亲听一次，其余听录音，这样布置对我和对各方面都较合适。关于《玉蜻蜓》改编问题，我不觉得评弹照越剧《玉蜻蜓》这样处理是适当的，相反觉得有些困难，因为演戏与说书有很大区别。

3月1日

在杭州同评弹演员薛筱卿谈话，了解《珍珠塔》的演出情况。说：《珍珠塔》宣扬封建道德的地方很多，需要改，但不要去掉其中的功名思想。当时的读书人就是为了做官，读书做官也不是容易的事，三百个进士才出一个状元。《珍珠塔》已经说唱一百多年了，定型了，要慢慢地改。

3月20日

在杭州同评弹演员杨斌奎、杨振雄、杨振言、沈伟辰、孙淑英等座谈，了解《描金凤》的整理情况。说：听说过去老先生重说不重唱，往往拿起三弦，唱两句就放下了。目前听众很欢迎唱，唱应加强。吴宗锡《怎样欣赏评弹》一文中提到，评弹以说表为主，这一说法我是同意的。没有适当的说表，光唱，一定缺乏艺术感染力，而且唱也会逊色的。当然，唱少也是一个缺点。因此，在以说表为主的前提下，也要注意唱。像《厅堂夺子》第二回的唱，占了近40分钟，听起来是很过瘾的。需要的是精彩的说表和适当的弹唱。繁琐的说表和不必要的唱，应毫不可惜地删去。这次，我听《西厢记·寺惊》，提到惠明和尚传书一段，三言两语，一略而过，这样处理我很赞成。这是整旧工作中重要的一点。最近听了《白蛇传》，繁琐的地方实在太多了。你们团里把它改为分回，听起来就精练和舒服得多了。整旧可以搞分回和中篇，这个方法很好。演出形式多样化，才适合客观要求。例如把长篇分成几个中篇，像过去的连台本戏一样，轮换着演。我相信这一形式会受到听众欢迎的。在台上演出时应该严肃，但是严肃应与活泼相结合，因为听书究竟不同于上课，要让人家笑笑。工作疲劳了，要有轻松愉快。过分严肃，像上课一样，那也不必叫书场，可改为训练班了。你们团保留了演唱的脚本，这一工作做得很好，是很有价值的。工作中会有成功，有失败，这是免不了的。像打仗一样，一个军事将领，打两次胜仗，一次败仗，这就是能干的将领了。

3月

在杭州大华饭店新大厅连续听评话演员汪雄飞的《过五关斩六将》。称汪雄飞为"三将军"，并说：你在书里说到从许昌出五关、渡黄河到冀州这条路线时，觉得有些地方说错了，有些地方没有说清楚。要说好《三国》这部文学名著，应该学点地理历史知识，不妨到学校里请教老师。

4月16日

写信给吴宗锡、颜仁翰。说：听杨斌奎老艺人说《描金凤》时，我对苏州坐船到朱仙镇或开封这一点有些怀疑，怀疑明代是否有这样一条水路。请中国历史研究所考查了一下，据他们考证的结果，在隋朝就通过船了，明朝仍通的。这是一次有益的考证。特把中国历史研究所的来件①，打印了几份送给你们，除你们两份外，请再给杨斌奎、朱介生、薛筱卿三位老艺人各一份。对于开封能否坐船到襄阳（《珍珠塔》），南阳能否坐船到洛阳（《双珠凤》），我仍怀疑，还在请历史研究所考证。

4月18日

在上海同吴宗锡、颜仁翰谈话。说：青年演员要学习文化，熟悉历史、地理知识，这对评弹工作十分重要。培养训练青年演员的方法，要有集中、有分散，要有全面观点，把培养人才作为评弹界共有的财富。

5月4日

在杭州同吴宗锡谈有关评话的问题。

5月6日

在杭州同评话演员吴子安谈话，了解《隋唐》这部书的情况。说：《隋唐》这部书是说农民起义的，要用新的历史观点来说，要讲历史上的英雄，比如李世民的作用，更要讲人民群众的力量。说演义书，要懂一点军事常识，夸大不要过分。书中描述四平山有三四百万兵马，三四百万兵马要有后勤人员一二千万，这可能吗？应该适当减少。对历史要作点考证，地名也要考证。这种考证当然只能是大略的，不懂可以请教专家帮助。说书的本子，可以用录音的办法保存，或请人翻成文字本。评话的书目，一类是改朝换代，一类是民族矛盾，还有一类是侠义、公案。评话要受人欢迎，应该不断发展。弹词的音乐现在有了发展，符合群众的要求。评话也应该变，变得符合群众的要求，跟上时代。这是你们这一代评话艺人的责任。评话怎样在新时代中起作用，为群众所欢迎，这个问题要靠评话演员自己解决。主要是评话本身要提高，要多创造、突破。弹词在弹唱方面有了发展，有了突破，才能保持和听众的密切联系。评话不弹唱，但是评话也有它的特长。如何取他人之长，补自己之短，这就需要好好研究和思考了。评话的新书和弹词的新书，在受听众欢迎的程度方面，恐怕评话不及弹词吧。艺术方面的"穷"是暂时的，穷则变，变则通。

---

① 指《关于明代从苏州到开封、洛阳的水上交通状况》。

5月15日

在杭州新艺书场听书，随后同周良和上海、江苏的评弹演员陆耀良、郁树春、曹织云、庞学庭、刘小琴等谈话。说：艺人要努力搞些新作品，反映新时代。我对新作品，有三分好就鼓掌。我不反对老的，但要加些新的，两条腿走路。新东西开始时难免不像样。但是，新生事物有生命力。新书我听得还不多，听了《林海雪原》、《野火春风斗古城》，这些都是从小说上来的。把小说改编成评弹，对原著要有所增删。唱本和看本有所不同，唱本要有更生动的描写和必要的扩充。情节可去掉一些，该突出的要突出。一个是去掉，一个是增加，再一个是搬家。旁的书上的，可以搬来。作生动的描写，还要有抒情，不仅是形容，而且要夸张。说评弹，眼泪落下来也有声音，这很好，是老先生一大创造。说新书要熟悉时代的背景和环境。说《林海雪原》，应该知道故事发生在什么地方，地形如何，敌我形势如何，座山雕是什么样的人。这样，才能说得清楚。提高新书艺术水平的决定因素，不在起角色，而在说表。要在说表这方面努力，下苦功。说新书要大胆。新书和老书，是一次和一千次、一万次的比较。开始时不要怕上座率低。

5月16日

在杭州同周良谈话，了解人们对《珍珠塔》的各种不同的看法。说：要总结改编二类书的经验，改编小说、戏剧为评弹的经验，找出规律性的东西，运用于改编新长篇。

5月30日

在杭州同施振眉谈话，谈听了《野火春风斗古城》、《林海雪原》、《苦菜花》三部长篇新书的几点感想。说：戏剧、小说、评弹是三种不同的艺术形式，有不同的艺术规律。戏剧是现身中的说法，评弹是说法中的现身。按评弹的艺术要求来改动原著是完全必要的。现在正在演出的评弹新长篇，多数是根据解放后出版的长篇小说改编的。故事的结尾都是革命取得胜利，但都经过了残酷斗争和英勇牺牲。把这些小说改编成中篇评弹都是适当的。但是，把它们改编成评弹长篇来演出，必须把故事中的"好人倒霉"部分和"坏人倒霉"部分加以适当的安排。"好人倒霉"部分不能太多，否则，会使听众有非常沉重的感觉，难以天天听下去。要像传统长篇一样，不是平铺直叙地演述，而是抓住需要突出的部分，所谓"关子"，加以深刻的描述和必要的夸张。新书起角色虽然不能使人物形象如传统书那样突出，但应该看到，说表仍然是决定评弹艺术水平的主要部分。回目要由少到多，由短到长。先求精练，然后延伸。要组织一些艺人特别是老艺人听新长篇，请他们从演员和听众的各种角度来提意见，改进新长篇。

同日

在杭州听苏州市评弹团薛小飞、邵小华说唱的《珍珠塔》。

同日

写信给凡一，谈听完新长篇《苦菜花》和传统书《珍珠塔》的感想。说：郁树春、曹织云弹唱的《苦菜花》已于28日夜说完，虽然卖座率不高，十天平均每天不过120多客，但是唱得很认真，在技术上比我听过的新长篇非但不低而且要高些，前途还是大有希望的。因为我感冒了，只不过到书场听了两次，其他11次都是听录音。听完之后，感到"好人倒霉"的场面太多（在13回书中占了6回书），不容易天天听下去。新长篇弹词如何运用小说和戏剧，使它适合于长篇说书，这是一门课题。应当看到，戏剧与说书不同，前者是现身中的说法，后者是说法中的现身。在我看来，原稿的故事必须重新编排，"好人倒霉"不宜太多，基本上应该是"坏人倒霉"，要贯穿一条革命胜利的主线。另外，在说表技术上，或者失之于冷场，或者又嫌噜嗦，应该更精练些。今年2月18日到3月2日，薛筱卿在杭州唱了14天《珍珠塔》的夜场。时隔两个半月，薛小飞、邵小华又在同一书场唱，天天客满。调查的结果，听过薛筱卿的听客占一半。《珍珠塔》的书情和说表，不见得比其他弹词好，但就有这么多人去听，值得我们注意一番。随信附去听三部新长篇《野火春风斗古城》、《林海雪原》、《苦菜花》后的感想。对文艺我是外行，只能作为评弹的一个听客来谈些看法。

6月4日

写信给吴宗锡、何占春。说：《青春之歌》中篇上集已经听完。这个中篇是好的，但有两点必须纠正，因为不合事实。一是第一回表白说"这一元只能买两个大饼"。抗战前虽然物价也在微涨，但币值基本上是稳定的，那时一元钱其购买力约等于目前人民币的二元五角或三元。二是第二回说的"三一八惨案"的历史，不合事实。凡说有关革命历史的新书，不可不参考一下《中国革命史讲义》。《苦菜花》唱了13个夜场，卖座率差是意料中的（每场120多客），但说得很认真，而且长篇说到这样水平，已很不容易。听了之后，有一个很大的感触，觉得"好人倒霉"的书回太多了。这里提出了一个原则问题，现在新长篇评弹的原稿大概来之于解放后出版的小说，而这些小说大体上又是描写秘密工作、敌后抗战、解放战争初期的革命活动，虽然这些斗争结局都是胜利了，但经过极大牺牲和残酷斗争。如果照书演述，势必"好人倒霉"的比重太大，坏人得势的成份太多，在长篇中给听众以沉重的感觉。看来，这样说法不合乎说书的规律，应该在全书中贯彻一条革命胜利的线。传统书中"逢凶化吉，遇难呈祥"是有它一定道理的，因为这正合乎历史事实和人民要求的。《英烈》再听20回后可以告一段落了，只要把全书提纲写给我，可以不听上半部了。

6月5日

写信给吴宗锡。说：送给上海人民评弹团一册《简明中国通史》、一本《中国分省地图》、一部《辞源》。其中，地图和《辞源》还是我用过的旧本子。送这几个本子的意思，是想引起朋友们对于历史和地理进行考查核对的兴趣。

6月10日

写信给吴宗锡，谈听了13回《青春之歌》录音之后的几点意见。在指出有几处不符合历史事实后说：有些书回听来还感觉太单调、太戏剧化、太像小说（指对白），评弹中固有的那种夸张的说表、轻松的说表还不够。有些地方可以用说书人的地位进一步说明一些情况，有助于听众了解历史，也可使听众心情舒畅。总的说来，这13回书是好的，希望继续改进，必有更好成绩。

6月中旬

参加中共中央政治局在上海召开的扩大会议期间，在锦江饭店临时开辟的小型书场多次观看上海市人民评弹团的演出。有一次，让余红仙重唱开篇《蝶恋花》给因事迟到的周恩来听。演出结束后，同周恩来到后台看望演员。周恩来对余红仙说，开篇《蝶恋花》谱得好，唱得也好。还讲了毛泽东原作的词意，说泪飞的"泪"，应看作喜泪，是因激动而流出的眼泪。

7月1日

在上海同吴宗锡、何占春谈话，讨论评弹说表和录音问题。

11月上旬

在南京多次观看苏州、扬州的评弹演出。其中有曹啸君、杨乃珍的弹词《梅花梦》选回，金声伯的评话《包公》选回，尤惠秋、朱雪吟的弹词《珍珠塔》选回等。

11月14日

在南京观看江苏省歌舞话剧院曲艺团演唱的扬州弦词，阅读有关弦词的资料，并同江苏省文化局和曲艺团的负责人、演职人员座谈。说：扬州弦词的历史很长了，但是要发展。现在弦词艺人太少，书目也太少，曲调不丰富，角色形象没有苏州评弹突出。

扬州弦词的衰落，固然有一定的社会经济原因，但恐怕主要是同"闭关自守"有关。弦词既不向别的曲种学习，又不向外姓人传授，当然要衰落了。扬州弦词要增加演员，也要增加节目。应该学说苏州弹词的二类书和新书。应该吸收别的曲调，但是要以原来的曲调为主。任何艺术都要发展变化。要肯定创造精神。要带徒弟到码头上去闯，不出去，在房子里是弄不出东西来的。

11月15日

在上海同李庆福、何占春谈话。说：布置创作任务，要根据具体对象的条件。新书目的创作和改编，主要靠中青年演员，要组织老艺人和艺术水平较高的艺人帮助他们加工、提高。有经验的老艺人，可以集中起来，到学馆去当教师，也可以整理传统书目。买些沙发，不要坐长板凳，泡一壶浓茶，让他们多一些时间聊聊，不要老拖住他们开会。要根据不同的对象进行工作。不然，工作往往吃力不讨好。要注意发挥各人的特长，各得其所。

12月7日

在上海同李太成、吴宗锡、何占春、周良谈话，讨论长篇弹词《珍珠塔》的整理和新长篇改编的问题。说：弹词《珍珠塔》在群众中影响很大，远远超过戏曲，应该进行整理。这是一个重要的任务。全国解放已经十年了，如果再过十年，还是老样的《珍珠塔》，我们是不光彩的。在整理时，或者原封不动，或者斩头去尾，或者全部否定，都是不好的。应该肯定一部分，否定一部分。在改的过程中，一定会有这样那样的缺点。

有了缺点以至错误也不要随意指责。大家动手，各人唱各人的《珍珠塔》，百家争鸣。要边改边演。上海可以有上海改的，苏州有苏州改的，一个地方也可以有几种改法。到大城市、小城市去演，听取各阶层人士的意见。各种改法，都要经过试验。小说和评弹是两种不同的形式，小说改编为电影、戏剧、中篇评弹，都是在一个晚上看完或听完的，而改为长篇评弹，就要研究。《苦菜花》一共13回书，七回书是"好人倒霉"，就会使人感到不舒服。历史规律是"坏人倒霉"，革命胜利。局部的事实，有时并不反映历史规律。文艺可以在符合历史规律的前提下进行虚构。选择改编为评弹的小说，不但要思想内容好，艺术上也要适合。改编时，要对小说进行改组，人物、情节、结构都可以改变。要组织"关子"，这是很重要的。比如评话《林海雪原》，加上了《三试杨子荣》、《真假胡彪》，小说中是没有的，很好。评弹不但和小说、电影、戏剧不同，评弹的长篇和短篇也不同。各种形式的文艺，都各有质的规定性。至于如何区别，这是你们搞文艺的人的事了，我是搞穿衣吃饭的。

12月22日

写信给周扬①。随信送去一份苏州评弹长篇书目，其中分为传统书目、近代书目（由历史书目改编，约有30年历史）、解放后新编历史书目、解放后新人新事书目共四个部分，计156种。说：这些都是长篇，大体上说15小时以上的，其中有可以说150至700小时的。可以看出，解放前的传统书目不过57种，而解放后在短期内创作的历史题材或

根据古典小说、传统戏剧本改编的，竟有75本之多。这是艺人为了要吃饭糊口、拼命搞的结果，但同时也可以看出群众的力量。应该说，这类书目的卖座率不如传统书。另一种可喜的现象是说唱新人新事的长篇书目已有24本，艺人中一部分青年人或其他积极的人，在努力搞这类书，各地文化机关也在提倡。但这类书目的卖座率远不如传统书目，也不如前一类。我看原因有三：一是历史只有几年，加工时间不够；二是失之于严肃，不敢加入穿插、笑料、噱头；三是艺人也不熟悉这方面的人物。你处如果能够有些新文艺工作者参加这个工作，肯定会有好处的。

同日

在北京同中央人民广播电台文艺部负责人谈话。说：最近听了十几段京韵大鼓、西河大鼓的录音，印象是传统节目比较好，生动活泼，生活气息浓厚，而现代题材的节目比较呆板，不能引人入胜。比较起来，我更喜欢西河大鼓。京韵大鼓除个别节目外变化不多，失之于严肃。总的说来，整个曲艺如京韵大鼓、河南坠子甚至相声都失之于严肃。劳动、学习一天，非常紧张，下班看戏也像开会，这样的东西人家不喜欢。特别是曲艺，更应该轻松一点。

12月24日

在北京同陶钝①谈话。说：现在的新书比

---

① 周扬，时任中共中央宣传部副部长、文化部副部长等职。

② 陶钝，时任中国曲艺工作者协会副主席，后曾任中国文联副主席、中国曲艺家协会主席等职。

传统书的艺术水平低、吸引听众的力量差，原因何在？主要是新书的艺术加工不够。传统书是艺人积累几十年以至数代的经验不断加工而成的。新书加工的遍数还少，说的日子还短，积累的东西还不丰富。秦纪文说《再生缘》这部书，说了30年，不断加工，才有今天这个样子。如果把传统书目过去的脚本和今天说的本子相比，也可以看出现在本子的内容大大丰富了。名演员说新书，上座率还不如青年演员说传统书。可见不是演员不行，而是新书艺术加工不够。噱头太少。传统书中噱头是趣味横生的。新书内容过分严肃，再板起面孔来演出，听众就不喜欢。在目前曲艺创作和演出中，强调了政治内容的一面，忽略了文化娱乐的一面，这是偏向。曲艺是一种群众性的文化娱乐。人们在劳动之后，喜欢听一些轻松愉快的东西，这不是听报告受政治教育所能代替的。演员的生活不够，又不大胆，怕犯错误。其实，传统书的生活，也不是亲身体验的，而是听师傅传授的。曲艺这种有历史传统又有群众基础的艺术，应该好好发展。要把艺人表演的所有节目都记录下来。记录时还必须现场录音才有意义。然后再逐字逐句整理。

1961年

1月24日

写信给吴宗锡。说：请便中将昆明风景、昆明游览图和昆明大观楼长联这三本书送给秦纪文。朱雪玲、卞迎芳整改过的26回《珍珠塔》听完了。《江苏戏曲》所载锡剧《珍珠塔》的四期辩论文章也看了，也送给周扬看过。为《珍珠塔》的辩论文章与修改问题，我曾与周扬谈过两次，我们的意见是大体相同的。

2月12日

写信给吴宗锡，谈对整改过的《珍珠塔》的一些感想。说：我认为不管怎样这种尝试的精神是必须鼓励的，不管整改的经验是成功的还是不成功的，因为我们用几种方案来试试整改《珍珠塔》是非常必要的，只有多用几个方案进行试改，才能便于我们最后地判断对这种传统弹词究应大改还是小改，哪种改法好？在这个前提下感到现在改的几个要点并不合情合理。比如，方卿不中状元而能羞姑，觉得勉强；把陈廉改为反面人物，假道学，想赖婚，有些突然。周扬看过锡剧《珍珠塔》，他的意见是：锡剧《珍珠塔》大体可以的；方卿不中状元，很难羞姑；一定要拿出采萍来反对势利，也未必好；陈廉在原剧中作为正面人物，在历史上士大夫阶层中也有这样的人。《珍珠塔》不能算是一个革命剧本，但是反对人情势利是得人心的。当然我看弹词与戏剧不同，在戏剧中有些事和人可以简略掉，而弹词要说唱几十回书，对人物和书路必须详细描写，这也是弹词《珍珠塔》的不得不整改又不易整改的原因所在。我仍然希望你们反复钻研一下《珍珠塔》的整改工作，不要因为我和周扬说了这些意见，使整改工作受影响。

2月14日

在北京同中共中央宣传部文艺处负责人谈话。说：要懂得听众的心理，他们来听曲艺，首先是为了文化娱乐的需要。思想教育的目的要通过艺术手段来达到。目前对评弹节目中噱头、穿插的作用注意不够，失之于过分严肃。我曾经研究过一部老书中的噱头，90%是可以保留的。对艺人的要求可以有所不同。年纪较大的，即使下去生活若干时候，也还是可能写不出东西来，或者写不好。对这种人，可以不要勉强，让他们说传统书好了。整理旧书可以有各种不同的方案，可以各改各的。通过演唱实践，最后肯定哪一种好，还可以取长补短。改得失败的，内部可以讨论，不要公开批评，以免艺人胆怯。书场节目可以包括三个部分：一是与社会主义政治生活有关的节目；二是根据长篇小说、戏剧等改编的新节目；三是传统节目。如果有的听众听了某些传统书目，觉得缺乏政治教育意义，因而给艺人提意见，也是可以理解的。艺人不必因此紧张起来，要看这种意见是不是普遍。京韵大鼓中有些传统节目，如《大西厢》、《闹江州》、《杀惜》、《游武庙》等都好。有四个特点：字正腔圆，词意轻松，曲调优美，节奏有变化。可是，现在有些新编的京韵大鼓则丢掉了后面三个特点，只剩第一句"字正腔圆"；或者再加一句"四平八稳"。要注意某些艺术形式的趣味性的特点。现在有些相声不引人笑，有些滑稽戏并不滑稽，就像评弹缺少噱头一样。有人说，保存噱头和穿插会破坏评弹艺术的完整性，我看不对，也许去掉噱头和穿插才真的破坏了评弹艺术的完整性。

2月23日

在北京同中央人民广播电台文艺部和说唱团演职人员座谈西河大鼓、单弦的改进问题，说准备研究这两个曲种，请他们提供录音、唱词和有关资料。还说：我听过一百多段京韵大鼓，感到现代节目的题材非常狭窄，北方大鼓的特点少了，只注意了唱词的政治性，对唱腔的音乐艺术注意不够。听众上班看到的是劳动模范，下班听戏看到的还

1961年2月23日，陈云在中央人民广播电台同文艺部和说唱团演职人员座谈。

是劳动模范，脑子里都是劳动模范，这怎么行。要上演好的传统节目，否则会失传的。对观众批评传统节目没有教育意义的来信要分析，看是否代表大部分观众的意见。

3月1日

写信给吴宗锡。说：秦纪文写的《改编〈孟丽君〉弹词的一些回忆》收到，找些艺人写些说书经验是很有用的，如果能写上四五篇，可以出本小册子，这对于评弹艺人特别是青年艺人是很有帮助的。现在写关于评弹文章的人太少了，让艺人自己写一些很有必要。我在报刊上看到的艺人的文章，大多是关于本人的思想改变、新旧社会对比的认识等等，几乎没有看到过关于评弹艺术的文章，所以看了秦纪文的回忆很有兴趣。今年打算的录音书目，秦纪文占了两部，一是《聊斋》，二是《西施》，这两部书大概都是解放后新编的，艺人可能说得不熟，一人准备两部是否吃力？如果能够减少他一部书，则可找别人另录一部书。今年能够研究《青春之歌》、《林海雪原》、《战火中的青春》三部现代长篇是好事，不必多，有此三部就够了。

4月22日

在北京观看上海市人民评弹团的演出，并会见演职人员。说：要组织着重"说表"节目的内部演出。可以考虑在北京设立经常性的评弹演出场所，组织上海、苏州、南京、杭州著名艺人来京演出。一些歌唱"大跃进"的开篇，如"水稻高产二十万斤"、"一个西瓜二百斤"，不必再唱了。

4月25日

在北京观看上海市人民评弹团的演出。演出结束后，同吴宗锡、赵开生、石文磊等谈话。国务院有关部门的领导同志齐燕铭、夏衍、徐平羽以及陶钝、袁水拍等也在座。

在谈话中指出：就已听过的弹词《青春之歌》13回看，其中《书店》、《公园》等回是比较好的，有穿插，不使人感到单调。其余的还要加工。弹词不能只是将故事说一说、唱一唱就行，不能光是骨头，还要有肉。刘天韵说《求雨》，怎样看皇榜，有许多穿插，有各色各样的人物。徐云志说《大闹明伦堂》也是这样。现在有些新书加工不够，变成了表故事，加上话剧对白，再加上唱篇，缺少噱头。哪怕是乒乓球比赛现场的广播解说，也要插入一些轻松的噱头，不能光是一比二、二比三、三比四。评弹是群众性艺术，群众喜欢故事有头有尾，人物结局要好。听众有这种心理，好人不怕落难，却要逢凶化吉，遇难呈祥。传统书目大都如此。苦戏看三小时可以，以悲剧结束的中篇书，听二三小时，也还可以，就是长篇书不行，不能连听七八天尽是"好人倒霉"。我们需要革命题材的书，来教育青年，使他们不致忘记历史，使他们懂得政权来之不易。但是，不能只写流血牺牲这一面，还要写胜利这一面，以鼓舞人民。《林海雪原》中杨子荣的原型实际上死了，但小说里没有写他死，这样写好。既然小说可以虚构，你改编为评弹，为什么不可以再虚构？改编必须加些东西。《林海雪原》中的《杨子荣打虎进山》一回，《真假胡彪》一回，都加了不少东西，加得好。把小说改编成评弹必须做三件事：减头绪，加穿插，变人物（即张冠李戴）。小说和评弹是两种文艺形式。秦纪文改编《孟丽君》，解放前后共30年，经过"三收三放"。先是减，线索是贯穿一气了，但枯燥乏味。后来加，挖空心思想噱头，看《笑林广记》等书。这时发现加得又太多了，喧宾夺主，于是又减。经过几次反复，现在差不多了。艺术需要不断加工。改编加工是件不容易的工作，需要时间。我曾经要求过用三年改好一部书，现在看来，还要"追加预算"，每年只求改好一两回，改十年就差不多了。不要怕失败，不要怕犯错误。能打胜仗的将军，一定是打过败仗的。总结起来，我的意见是三点：一是要有穿插，二是从小说改编为弹词要改得适合于评弹的特点，三是眼光要看得远些，要用较长时间去琢磨。在这之前，曾派人送演员到《青春之歌》作者杨沫处请教，并要演员参观北京大学、清华大学和红楼旧址。

4月28日

在北京人民大会堂山东厅观看上海市人民评弹团的演出。演出结束后，同观看演出的其他中央领导同志乌兰夫、陆定一等会见演职人员。

同日

写信给周良、颜仁翰。说寄来的录音计划看过，答复如下：一是冷门书。其中《双珠球》已听过杨仁麟的，如果周志安常说这部书，仍可录来听听。《四香缘》没有听过，如果演员常演出这部书，也可以听听。唯严雪良的《樊梨花》可能已丢掉很久，不知演出有否困难？如果要花很大准备工作，则可以不录音。因为既称冷门书，历来演出必少，加工也差，听来味道也不大，不过为了知道有这么一部书罢了。二是热闹书的冷门段子。如《盗仙草》后部书，估计演员单演这一段，营业必坏，所以很多演员是不愿意演的。只有在演出全部《白蛇传》时，可以录他们的后段，这种机会是有的，只要多录几次《白蛇传》，总有机会可以听到的。没有听过的书，如《后落金扇》，如果不是指《游龙传》，则可以录；如果是指《游龙传》，可以不录，因为内容不好，演员都不演出了。如果再让演员在书场演出，影响不

1961年4月28日，陈云在北京人民大会堂观看上海市人民评弹团的演出后，同其他中央领导同志一起会见演职人员并合影留念。前排右起：沈伟辰、孙淑英、朱雪琴、乌兰夫、陈云、陆定一、赵开生、徐丽仙、石文磊、徐平羽、李强。后排右起：杨振雄、陶钝、胡绳、吴宗锡、周云瑞、郭彬卿、杨振言、张效声、袁水拍。

好。三是《英烈》、《双金锭》、《隋唐》等书，则是热闹书，可以根据每月录音数量，再定录多少。也就是说，以后每天可以录音六回书（每回45分钟），上海、苏州分别担任。苏州书场日夜两场，共有六档，总有一二回书可以录的。

5月2日

在文化部小礼堂观看上海市人民评弹团杨振雄演出的《长生殿·戏梅》，约1小时20分。演出结束后会见演职人员时说：我今天听到一回好长的大书，过瘾。

5月6日

在北京同吴宗锡谈话。说：要研究评弹的历史。对抗日战争前后这一段评弹的历史也要研究。不研究这段历史，就不能了解评弹发展的全过程。一年多来，我听了1700多回书，听过的书都作了笔记，包括每回书的时间、内容梗概、特点和问题等。要欢迎研究文学、戏剧、音乐的同志来研究评弹，请他们帮助，这对评弹是有好处的。要发动评弹艺人写说唱经验。要努力提高演员的文化水平，包括地理、历史知识。要扩大眼界，增长见识，尽可能地让他们到处走走。

6月9日

同中央人民广播电台和北京市文化局有关负责人谈话。说：北方曲艺团应招收新学员，现在连侯宝林都没有配手，西河大鼓演员马增芬也没有一个正式的学生，他们的艺术如果不能继承下来十分可惜。曲艺演出应该打字幕，京韵大鼓唱词应该编成集子出版，这对观众欣赏有好处。

6月中下旬

中共中央宣传部召开的文艺工作座谈会，印发了陈云在1959年11月至1961年4月间关于评弹和其他曲艺的几次谈话，以及1960年12月22日给周扬的信和1960年1月至1961年3月间给上海评弹工作者的几封信，作为会议文件。

6月19日

周恩来在文艺工作座谈会和故事片创作会议上讲话。其中谈到：陈云的意见是有道理的。他身体很弱，很疲劳，需要另一种生活环境来休息，听听评弹，以便为党做更多工作。评弹也有教育作用，艺术上很有特点，一个人表现很多角色，做多方面的表演。我过去对评弹不懂，现在觉得比北京大鼓还好，当然各有千秋。但我仍愿意听北方曲艺，因为听评弹的苏州口音比较费力，所以不如陈云同志热心。不能一定要我和陈云同志一样，也不能因而说我不赞成评弹，各取所需嘛！以政治代替文艺，就没有文艺了，还有什么看头呢！

6月19日、21日、22日

在上海锦江饭店小礼堂连续三个晚上观看评弹演出。

7月18日

在苏州同王人三①、凡一、周良、朱霞飞②、潘伯英③、邱肖鹏④等谈话。说：现在

---

① 王人三，时任中共苏州市委书记。
② 朱霞飞，时任苏州市评弹二团团长。
③ 潘伯英，评话演员、评弹作家。
④ 邱肖鹏，评弹作家。

编号 190　（61·6）文藝工作座談会文件（三）
請勿遺失　会后收回

陈云同志关于評彈問題給周揚同志的信及書目一份

周揚同志：

上次我說給你抄一份評弹長篇書目表，现在抄好了，送你靖閲。这些都是長篇。（大体都是說十五小时以上的，至于传统長篇則可以說一百五十至七百小时的。）中篇（三小时）、短篇（一小时）都未列，我也沒有目录。据有关同志告訴我，解放以后創作的新人新事的短篇有一千个左右，称得起保留节目的也有几个。

在長篇書目中有极个别書目究属于第三类第二类我一时分不清，其他都是根据上海評彈团同志給我的材料分类的，所以是可靠的。可以看出第一、二类传统書目（解放前）不过五六种。而解放后为了所謂"斩封建尾巴"（艺人自己发起的）不說传统書（有四、五年）因此短期内創作了第三类書目（历史题材、根据小說或剧本改編的），竟有七十五本之多，这是艺人为了要吃饭糊口，拼命搞的结果，但同时也可以看出羣众的力量。应該說第三类書的卖座力不如传统書，但比新人新事的第四类强得多，另一种可喜的现象是新人新事的第四类長篇書目已有二十五本。艺人中一部分青年的或积极的人，在努力搞这类書，各地文化机关也在提倡。但这些長篇書目的卖座力远不如传统書目，也不如第三类。我看原因有三：一是历史只有几年，加工时間不夠；二是失之于太嚴肅，不敢

—1—

加入穿插、笑料噱头；三，艺人也不熟悉这方面的人物。看来你处如果能夠搞些新文艺工作者参加这个工作，肯定会有好处的。

敬礼！

陈　云

一九六〇年十二月二十二日

苏州評彈長篇書目

（一）传统書目

書名	形式	簡要內容	擅唱者
封神榜	評話	姜子牙助周武王伐纣的故事	
吳越春秋	評話	东周吴越两国争霸的故事	
西汉	評話	汉刘邦与楚霸王相争的故事	
东汉	評話	汉光武用邓禹、姚期等复汉的故事	
三国志	評話	刘备用诸葛亮联络东吴抗敌曹操的故事	颜又良 康联良
隋唐	評話	瓦岗寨程咬金与群雄一起抗击暴君隋炀帝	吴子安
薛仁貴征东	評話	薛仁貴投軍随唐太宗征服高丽国的故事	
薛丁山征西	評話	薛丁山掛帅助唐朝征服西辽的故事	
薛剛反唐	評話	薛家被皇帝所杀，薛剛起来推翻皇室的故事	
綠牡丹	評話	侠客花振芳、鲍自安等，见义勇为，骆宏勋结識綠林豪俠，除暴安良的故事	
金枪传（即杨家将）	評話	杨继业全家忠心报国，抗击敌寇的故事	

—2—

書名	形式	簡要內容	擅唱者
五虎平西	評話	狄青抗辽和包拯审郭槐的故事	陈晋伯
七俠五义	評話	侠义英雄帮助包公除暴安良	
金台传	評話	貝州党弟兄金台，拳术精通，时常打擦除奸，时被奸臣陷害，打番邦石猴以贖罪等故事	
水滸	評話	宋江等弟兄聚居梁山伯反抗朝廷的故事	
后水滸	評話	宋江等打掉神州擂台以及三打蔡家庄的故事	
岳公传	評話	岳飞抗金的故事	
济公传	評話	济公捉拿朱花賦华云龙和一些遺案斗法	
英烈传	評話	朱元璋推翻元朝统治，灭群雄，建立明朝	张鸿声
五义图	評話	魏忠賢陷害方举，群雄助方复仇的故事	
彭公案	評話	彭朋助满清消灭反满的綠林英雄	（达
血滴子	評話	清雍正为夺帝位，用年庚尧以血滴子统治人民	四部書现
乾隆下江南	評話	乾隆下江南游玩以巩固其统治地位	已停
张文群刺馬	評話	张文群为报兄嫂和妻仇，致容刺死馬新贻	說。）
山东馬永貞	評話	馬永貞到沪奕艺被流氓恶所害的故事	
西廂記	弹詞	莺莺和张生的恋爱故事	杨振雄 杨振言
文武香球	弹詞	张桂英与龙官保私訂终身，乔扮男子，打擂掛帅，最后与龙結合	周玉泉
粉粧楼	弹詞	唐越国公二公子罗琨，因打抱不平，被奸臣陷害，幸萬爪山英雄劫法場	杨仁麟
双珠球	弹詞	曹龙大破延庆寺，火烧宁王府为幻娘报仇	杨仁麟
落金扇	弹詞	周学文抢得陆婉云的寃容扇，因而变身投靠，兩面还是扇，面訂三生之約	刘天韻
三笑	弹詞	唐白虎点秋香的故事	刘天韻 徐云志

—3—

書名	形式	簡要內容	擅唱者
描金鳳	弹詞	徐蕙兰与錢玉翠贈凤訂婚，汪宜欲娶錢，官司失败，徐赴河南王府被寃，群雄劫法場	杨斌奎
大红袍	弹詞	海瑞准杜鵑桥詞状，到松江审寃獄	杨斌奎
玉蜻蜓	弹詞	金貴升与尼姑智貞有情，病死庵内，遺腹子元宰长大后往庵中認母	周玉泉 蒋月泉
白蛇传	弹詞	义妖白素貞与許仙恋爱的故事	杨仁麟
双金錠	弹詞	王月金代兄告状，撫台貪贓不审，幸未婚夫龙梦錦协助，最后救出胞兄	
双珠凤	弹詞	文必正拾得珠凤，卖身霍家，与定金私訂终身	朱介生
珍珠塔	弹詞	方卿姑母势利，后考中状元，唱道情試探姑心	薛小卿
果报录	弹詞	习刘氏与三文通奸，谋死亲夫刁南楼，刁的义弟毛龙为恶被，审清此案	
二度梅	弹詞	陈杏元和番的故事	魏合英
白鶴图	弹詞	义賦一枝兰偷富救貧的故事	
倭袍	弹詞	唐上杰因不惜倭袍得罪张德龙，被张陷害，其子云姉亦被捉，后幸为其妹相教	（黄色傾向很重現已停唱。）
杨乃武	弹詞	杨乃武与小白菜私通，小白菜又与刘子和有私，毒死亲夫，陷害杨，经杨姊告状，始得昭白	李伯康 严习亭
麒麟豹	弹詞	珍珠塔后部，屬方卿、方俊的故事	

（二）近代書目（由历史书目改編，約有三十年历史）

書名	形式	簡要內容	擅唱者
长生殿	弹詞	唐明皇、杨貴妃的爱情和明皇幸蜀的	杨振雄

—4—

书名	形式	简要内容	擅唱者
华丽缘（即孟丽君）	弹词	孟丽君与皇甫少华儿经波折终于结合的故事	杨振言 秦纪文
顾鼎臣	弹词	农民林子文被奸臣陷害为盗，其妻求顾鼎臣相救，劫法场救出其丈夫	张鉴庭
十美图	弹词	曾荣家被严嵩陷害，曾娶其孙女，后报了父仇	张鉴庭
小金钱	弹词	邦才与宋金锭恋爱的故事	陈遂卿 祁莲芳
九丝绦	弹词	封廷贵的故事	
绣香囊	弹词	张志成岳家败贫，无依卖身，未婚妻不愿改嫁，在庵修行，绣襦明心	陈遂卿 祁莲芳
四香缘	弹词	杨撤威被严嵩所害，其子意明复父仇	
七美缘	弹词		
换空箱	弹词	女征明得祝枝山之助，换空箱与杜翰林之女成亲	
唱笑因缘	弹词	樊家树爱唱大鼓的姑娘沈凤喜，后沈被军阀刘将军所占，未成眷属	蒋云仙
秋海棠	弹词	京剧艺人秋海棠的一生惨死	
碧落黄泉	弹词	汪志超与玉如学恋婚姻自由，在资本主义社会中由于社会制度的关系，玉如牺牲	

（三）解放后新编历史书目

书名	形式	简要内容	擅唱者
白水滩	评话	青面虎杀恶霸高登被擒，群雄劫囚车，白水滩遇十一郎，误会冲突，救郎后一同起义	

书名	形式	简要内容	擅唱者
林则徐	评话	林则徐禁鸦片与英帝战争	
金钱镖	评话	根据十二金钱镖小说改编（武侠小说）	
聊斋	弹词	根据聊斋志异改编	
李闯王	评话	李自成起义的故事	
霍元甲	评话	清代霍元甲到上海，以国术胜过洋人	
玉堂春	弹词	玉堂春与王三公子有情，后被冤入狱，王相救，成眷属	
十五贯	弹词	熊友兰、熊友蕙被冤，幸过清官况钟审清，得以昭雪	严雪亭
六月雪	弹词	窦娥受冤的故事	
秦香莲	弹词	陈世美弃妻秦香莲，后被包公铡死	
四进士	弹词	田氏谋毙二房小叔，田宗贞代夫伸冤，得宋士杰之助，使主凶伏法	严雪亭
合珠记	弹词	三元夺魁的故事	
沉香扇	弹词		
香罗带	弹词	唐通疑妻不贞，后在路中杀了歹人，因香罗带关系，官吏认唐妻谋死亲夫，冤田处死	
王十朋	弹词	王十朋不喜荣贵，回绝奸相婚事，被谪贬官	
法门寺	弹词	书生傅朋被人陷害，宋巧姣告状，太后命太监刘瑾审理此案，冤雪后，得来成亲	
白罗衫	弹词	白罗衫强占徐子建妻苏氏，谋死徐，包公伸冤	
钗头凤	弹词	诗人陆游与唐蕙仙爱情受折的惨死	
麒麟带	弹词	地主姚麒麟玩弄女性，后被冤魂索命而死	
情探	弹词	王魁负桂英的故事	严雪亭
西施	弹词	越国献西施灭吴的故事	秦纪文
貂蝉	弹词	王司徒巧施连环计的故事	

书名	形式	简要内容	擅唱者
红梅阁	弹词	贾似道杀死李慧娘，李死后魂教罗生	秦纪文
李师师	弹词	吴华抗金，李师师爱之，宋徽宗荒淫无道	
贩马记	弹词	李奇贩马回家，被妻所害，梁监，为其女所得，告状伸冤，又逢胞弟，三面团圆	
合同记	弹词	王清明投亲被收，后与田素贞仍结为夫妇	
何文秀	弹词	何文秀唱道情，与王兰英结惹私奔，被害做官	
碧玉簪	弹词	王玉林为奸所害，疑妻不贞，婚后不睦，后水落石出	徐云志
打銮驾	弹词	包公打庞妃銮驾的故事	
蝴蝶杯	弹词	田玉川游龟山，打不平，溉人命，逃亡在外，后参军班师，误与寇家之女结婚，结果仍与凤莲结合	
恩与仇	弹词		
王宝钏	弹词	薛平贵彩楼配，宝钏被逐出相府，守义十八年	
铁弓缘	弹词		
满江红	弹词	于水村与歌女李桃枝恋爱的故事	
玉连环	弹词	赵云卿至岳家投亲，被白龙江租婚陷阱，后为邹应龙审理清楚，自只能将女嫁赵	
梁祝	弹词	梁山伯与祝英台的故事	
红楼梦	弹词	林黛玉和贾宝玉的故事	
冰娘	弹词		
秦香莲挂帅	弹词	秦香莲被陈世美遗害，后挂帅平番，京报此仇	
双按院（即闹锦燧印故事）	弹词	杨传、李乙乔扮按院为民伸冤的故事	
梅花梦	弹词	崔妻瑛本配张灵为妻，被宁王点绣夺去，	

书名	形式	简要内容	擅唱者
		李张的知友唐白虎设法，始成眷属	
卖油郎	弹词	卖油郎独占花魁女的故事	
红娘子	弹词	红娘子与乃兄罗虎杀贪官教李信，投李闯王，推翻明室统治的故事	
辕门斩女	弹词		
宝莲灯	弹词	刘彦昌与华山圣母结合，华山压华山，其子劈山救母	
潇湘夜雨	弹词	张氏女被夫摧逼遗弃，后在临江驿江父	
林冲	弹词	林冲被高俅陷害，逼上梁山	
杜十娘	弹词	杜十娘从良李甲，被出卖，杜沉百宝箱后自杀	
陈圆圆	弹词	陈圆圆与吴三桂的故事	
琵琶记	弹词	蔡伯喈赴考，相府招亲，其妻赵五娘在乡多受苦	米霞笙
借红灯	弹词	林逢春残民女被闷死，民女被冤强逼死	
九件衣	弹词	申大成向表姊借衣，被匪为盗，遭地主迫害	
梁红玉	弹词	梁红玉抗金兵故事	
信陵君	弹词	信陵君窃符教赵的故事	
香妃	弹词	乾隆废妃回族，得香妃，欲纳之，妃不允，自尽死	
花木兰	弹词	木兰代父从军的故事	
叶香壶印	弹词		
打三节妇碑	弹词		
乌龙院	弹词	宋江杀惜故事	
秋江	弹词	尼姑陈妙常热爱潘必正故事	
孟姜女	弹词	孟姜女万里寻夫，哭倒长城	
百花台	弹词		

書　名	形式	簡　要　內　容	擅唱者
犂娘盜令	彈詞		
方　珍　珠	彈詞	唱大鼓女方珍珠在舊社會的遭遇	
雷　　雨	彈詞	反映舊社會家庭的丑惡面	
白　兔　記	彈詞	李三娘磨房產子，其子咬臍郎打獵遇母	
玉　嬌　龍	彈詞	（武俠小說）	
將　相　和	彈詞	藺相如完璧歸趙，封上卿，廉頗不服，后負荊請罪	
太平天國	彈詞	洪秀全起義反清的故事	唐耿良
龍女牧羊	彈詞	洞庭君之女託柳毅傳書的故事	
十三妹	彈詞	十三妹行俠救安公子，大破能仁寺	
韓　信	彈詞	韓信助漢，登台拜將，火焚霸王的故事	
錢秀才	彈詞	富而顏大，臉丑，請表弟錢某冒代，結果弄巧成拙	
宇宙鋒	彈詞	趙高害匡家，其女裝瘋罵秦二世的故事	
卓文君	彈詞	卓文君愛司馬相如，私奔之，后當壚賣酒，逼父相認	

（四）解放后新人新事書目

書　名	形式	簡　要　內　容	擅唱者
林海雪原	評話	根據林海雪原小說改編	
鐵道游擊隊	評話	根據小說改編	
烈火金鋼	評話	根據小說改編	
敵后武工隊	評話	根據小說改編	汪越康
顧正紅	?		庄有威
白毛女	彈詞	根據歌劇改編	嚴雪亭
劉巧團圓	彈詞	爭取婚姻自由的故事（小說改編）	

—9—

書　名	形式	簡　要　內　容	擅唱者
新兒女英雄傳	彈詞	牛大永等抗日的故事（小說改編）	
野火春風斗古城	彈詞	根據小說改編	
苦菜花	彈詞	根據小說改編	
青春之歌	彈詞	根據小說改編	
小城春秋	彈詞	根據小說改編	
王孝和	彈詞	反動派陷害王孝和烈士的故事	
紅色的種子	彈詞		嚴劍峰　蔣曼莉
黨的女兒	彈詞		
苹原槍聲	彈詞		凌文君　凌文燕
迎春花	彈詞		潘文秋　王文君
風雪春曉	彈詞		
戰斗在敵人心臟里	彈詞		
草原烽火	彈詞		嚴劍英　江玉珍
飛刀華	彈詞		
上海之戰	彈詞		儲麗聲
母　親	彈詞	電影劇本改編	辛華勒　康琴英
永不消逝的電波	彈詞	電影劇本改編	

1961年6月中下旬，中共中央宣传部召开的文艺工作座谈会印发的陈云1960年12月22日关于评弹问题给周扬的信及所附的《苏州评弹长篇书目》。

編號　100　　　　（61·6）文藝工作座談会文件（四）
請勿遺失　会后收回

陈云同志給上海評弹工作者的幾封信

宗錫
慶福同志：

　　請你們都我办这样两件事：

　　（一）把上海、苏州、常熟全部評弹艺人开列一张名单，注明各人所說的書目，并且說明是单挡还是与誰搭挡。其中苏州、常熟两地的艺人，如果你們不很熟悉，請代托有关人員办一下。

　　（二）去年国庆节在上海时見过上海評弹协会(?)出版有一种象"戏报"那样的铅印广告单，每月一张，把全上海各书坊当月說书艺人和所說书目統列在广告单上，这种印刷品据說是出卖的，請代找一下，可否把过去几年的广告单找一份給我，想从这里面看看上海书坊中近几年說唱的书目。

　　以上两件事不限时间，办后送我。謝謝。拜致

　　敬礼!

　　　　　　　　　　陈　云
　　　　　　　　一九六〇年一月六日

—1—

1961年6月中下旬，中共中央宣传部召开的文艺工作座谈会印发的陈云给上海评弹工作者的几封信。

大家对《珍珠塔》改得都很认真，这个精神是好的。现在不要忙作结论，也不要公开批评，让大家鼓足勇气改，多种方法试验，时间长一些，经过比较，可以知道改的程度，是大改还是小改。我同周扬讨论过，认为方卿不能代表农民，不要希望他革命。因为社会上有势利，所以才有《珍珠塔》。二类书这个名字是我起的，编写二类书的经验要总结，这对编说新长篇有帮助。现在，二类书是戏曲唱篇表故事，缺少评弹最主要的东西，即说表的细腻和噱头。总结可以逐步地搞，慢慢来。评弹应该经常到北方去演出，一方面扩大影响，同时也是提高艺人文化

水平的一种方法。让他们看看故宫、长城，游山玩水，开阔眼界。还要让他们多读些小说，多看些书画。希望苏州和上海合作培养出更多更好的演员①。20日上午，在上海同吴宗锡谈话，告诉他已和苏州市委领导同志谈了筹建评弹学校的事情。

7月23日至25日

在上海市文化俱乐部观看评弹演出。25日下午听书时，将撰写的《目前关于噱头、

1961年7月25日，陈云撰写的《目前关于噱头、轻松节目、传统书回处理的意见》手迹。

轻松节目、传统书回处理的意见》交给吴宗锡。这份书面意见指出：要有噱头，但要防止错误地滥放。要有轻松节目，但要防止下流。要挖掘传统书目，同时也要整理和演出可成为保留节目的新中篇和新短篇。如果对某些传统书目或开篇可否公演有怀疑，那就应该先经内部试演、讨论，决定后再公演。对噱头、轻松节目、某些可疑传统书目的开

放，应该采取谨慎态度。应该先经反复考虑后再开放，这样比之乱开放后再收缩，其损失要小些。在公演一时期后，应当重新检查和讨论演出效果和得失，以便取舍。晚上，在瑞金宾馆同吴宗锡谈话。说：挖掘、开放传统书目，要注意掌握，千万不可一下子都放出来，回到老路上去。有些问题，没有把握宁可慢些，多考虑一下。其缺点是慢，但如果做错了，那就是失。慢和失比较起来，慢比失要好。有人可能有意见，但要看少数人还是多数人，要对多数人负责，对听众负责。对的意见要听，不对的意见也要听，当然不是照办。如果没有反对意见，我们的思想就会闭塞。如果我们有缺点，错了，我们就改。经常有人提出些反对的意见，能使我们考虑问题更慎重、周到，可以减少错误。听反面意见是少犯错误的保证之一。传统书目的分回演出和传统长篇的演出，可以并存。演传统的书目（包括分回），也演新创作、改编的书目，这才是"百花齐放"。

7月下旬

在上海同评弹作家陈灵犀谈话，鼓励他努力搞好创作。

---

① 这次谈话后，经江苏省委和苏州市委同意，在苏州市文化局主持下，开始筹建苏州评弹学校。由苏州市文化局、上海市人民评弹团和江苏省曲艺团负责人钱璎、周良、吴宗锡、钟兆锦等组成领导小组，钱璎任组长，负责协调工作。

9月5日

在上海瑞金宾馆同吴宗锡、何占春谈话。说：群众喜欢听的书，不一定就是好的。这要看它是多数群众喜欢，还是少数群众喜欢；是合乎群众的长远利益，还是不合乎群众的长远利益。旧社会的跳舞厅、妓院，有人喜欢去。那么，开好呢，还是不开好呢？如果再开出来，还是有人会去的，而且去的人，不一定都是资产阶级。但这对人民有什么好处呢？所以，衡量书目的好坏，要从能否教育人民、对大多数人是否有好处来考虑。书目中那些黄色的内容，过去很能卖钱，现在仍会有人欢迎，但危害是很大的。这种传统不能挖掘。群众欢迎，也不能要。这一点绝对不能让步。传统书目中，有好的部分，也有坏的部分，不能都肯定。过去，节目太政治化了，所以现在要轻松一点，但不是把什么都搬出来。挖掘传统的提法不够全面，传统书目都要记录下来是一回事，这我同意，但演出是另一回事。公演的要整理，去掉坏的，保留好的。

10月25日

写信给吴宗锡。说：苏州学馆①的学制，先定轮廓，以后逐步总结，这个办法很好。苏州团②的《梅花梦》、《王十朋》都可以录。如果俞筱云、俞筱霞的《玉蜻蜓》是按老路说的话，也可以录来。

1962年

2月18日

写信给吴宗锡、李庆福。说：收到了你们转来上海长征评弹团秦纪文写的贺年片和给我的信，谢谢他。他说长征团定于四月到北京来公演，不知哪些演员进京？便中查告。最近听了一回录音《林海雪原》中的《真假胡彪》，是唐耿良、张鸿声、张效声三位同档演出的。这回书加工得比单档演出时好得多了。看来多找几个书艺高的艺人来共同加工新书，即令是一回一回地加工，对新书水平的迅速提高，有很大的效果，不妨对别的新书也可以试验一下。钱雁秋为上手（杜剑华是下手）的《法门寺》听了25回，觉得很好，看来钱在这部书上下了功夫的。我的印象，在二类书中是第一流的。

3月14日

写信给吴宗锡。说：现在不能作很多户外活动，只能听听录音。上海、杭州两地每日有四五回录音听听，对疗养有好处。2月22日来信说到，最近一些主要演员的健康状况都比较差些，是否演出过多？是否副食品长期不足营养差了？这倒是应该有长期打算的一个问题。最近几个月来听了姚荫梅的《双按院》，蒋云仙的《啼笑因缘》，徐碧英、王月香的《梁祝》，谢汉庭等的《王十朋》，钱雁秋等的《法门寺》，黄静芬的《四进士》，杨子江的《林则徐》，徐雪月等的《龙亭三笑》。综合起来有些感想，身体好些后想找你到杭州来谈谈。

3月28日

写信给吴宗锡。说：去年谈过我想听听《玉蜻蜓》，因为对金大娘娘这个人物的性

---

① 指苏州评弹学校。
② 指苏州市评弹团。

格在艺人中有不同意见。现在听了俞筱云、俞筱霞说的《玉蜻蜓》中段，金月庵、金凤娟说的《玉蜻蜓》后段，想请你找些材料给我，我希望知道应该把金大娘娘作为正面人物还是应该作为反面人物，理由有哪几条，以便我也来想想。

4月11日

写信给何占春、吴宗锡。说：苏州不必派人来杭州演出《玉蜻蜓》前段，因为周玉泉年过六十，单演一书，太吃力，苏州为此而来两档，恐他们在安排上不见得方便，可能打乱他们的计划。前段书情我已清楚，不妨碍我们研究《玉蜻蜓》人物性格和书的结构等等。

4月上旬

在杭州大华书场多次观看庞学庭、刘小琴、金声伯演出的评弹节目。

5月14日

在上海同吴宗锡谈话，主要谈上海市人民评弹团赴香港演出的问题。

5月

在上海同吴宗锡、何占春、陈灵犀谈话。说：对《玉蜻蜓》可以有几种态度。或者是原封不动；或者是全部否定，做"革命派"；或者基本照原来的书路说，但要整理。人的认识是发展的，会变化的，我们不要怕改变自己的认识。传统书目的整理工作，不能离开时代条件。要用历史唯物主义观点来看问题，不能以对现代人的要求来要求古人。这几年的整理工作，在剔除封建、迷信和色情的内容方面是有成绩的。但对什么是"封建"要好好

分析，不能过激。如果过激了，狭隘地运用阶级观点，就要脱离群众。我们的工作要照顾群众，不脱离群众，这样才能发挥领导作用。

6月3日

写信给周良。说：去年夏天在苏州一别，又快一年了。在这个时间内，收到过你寄来的"评弹研究资料"，其中有许多是很有价值的。我认为，你们做了有益的工作，希望你们继续做好这方面的工作。周玉良、薛君亚的前段《玉蜻蜓》在杭州听了，《玉蜻蜓》中段去年在上海听了俞筱云、俞筱霞的，后段杭州电台录了金月庵、金凤娟的，我已借来听了。这样把《玉蜻蜓》目前能够

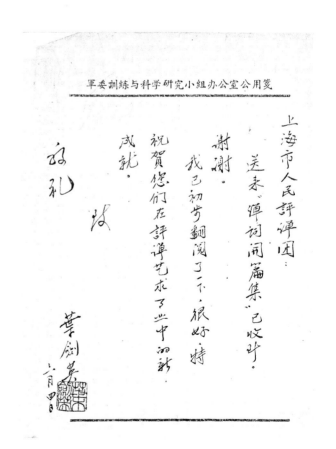

1962年6月4日，叶剑英给上海市人民评弹团的信。

在书场上公演的书回都听完了。

6月中旬

在上海丁香花园小礼堂观看姚荫梅、张文倩、徐文萍①等演出的评弹节目。当时正在听姚荫梅在大华书场演出《啼笑因缘》的实况录音，便特地邀请姚荫梅演唱《啼笑因缘·跳舞厅》这回书。

9月中旬

写信给吴宗锡、李庆福。说：最近转来秦纪文、钱雁秋的信各一封。过去秦纪文写信给我，向来我没有直接回过信，因此这次秦、钱两信也不回信了。我现在认识的艺人已经很多，可能将来别人也有信来，回答了张三、不回答李四反而不好，所以仍旧请你们设法转告他们，说我已收到他们两人来信。

10月10日

在苏州同颜仁翰谈话。说：在苏州期间共听了12部冷门书：《后三国》、《倭袍》、《樊梨花》、《后描金凤》、《后白蛇》、《九丝绦》、《血膜图》、《扮妆楼》、《珍珠塔》、《东汉》、《金台传》、《文武香球》。今后想听的几部书是：谢毓菁的《双金锭》、《王老虎抢亲》，魏含英的《二度梅》，曹汉昌学生的《后岳传》，俞筱云的《白蛇传》，李仲康的《杨乃武》，张国良的《后三国》（已听过41回），朱永伯的《隋唐》等。

11月28日

写信给吴宗锡。说：你们在香港演出的照片收到，我的身体比一个半月前好些。

12月27日

在苏州同周良、颜仁翰谈话。说：潘伯

英等改编的《孟丽君》很成功，集中了二类书的优点，可算是这类书的代表作。这部书在说理方面是成功的。如说江进喜的娘劝儿子放走皇甫少华时，分析了各种可能性，除去一条，其他堵死。好比真理只一条，歪理有一千条，驳倒歪理，才有真理。说表不冗长，不繁琐。唱词也安排得比较集中，用了很多典故，用得很好。这对提高听众的文化水平上有好处。这部书穿插、噱头也很好，韵白也用得很好。不足的是，有些地方道理讲得不够，使人听了不能完全信服。还有些常识性的问题，说得不正确。书中有一些地方，古代人说现代人的话，是不合适的，孔夫子不能穿列宁装。

1963年

3月19日

在苏州同颜仁翰、周玉泉、薛君亚谈话。说：听了《文武香球》64回书，其中唱词总共占429分钟，而且一部分唱的是俞调，比较缓慢。可见这部书说表大大超过了弹唱。这部书书情很好，关子又紧凑，自始至终轻松风趣。当前说《文武香球》的人不多，一定要把这部书好好继承下去。《玉蜻蜓》照老样子说结局较合情理，新的处理

_____

① 据徐文萍回忆，这次演出后不久，她就因病长期卧床休养。陈云托人带信表示慰问。后来当陈云得知上海市人民广播电台没有保存徐文萍演唱的录音，便把自己保存的徐文萍唱的祁调开篇《秋思》、《私吊》的录音送给电台。陈云的关怀，鼓舞她在病床上又谱成10首祁调开篇，并把录音转送给陈云。

把金张氏说成反面人物，这既不合理，又要变动全书。中篇《厅堂夺子》把金张氏处理得过头了一些，锡剧又把她说得好了一些，这都不能服人。应该是"四海的雌老虎"，这样较为合理。人家说"《蜻蜓》尾巴《白蛇》头"，是有道理的。《玉蜻蜓》后段有团圆气氛，所以受人欢迎，应该保留下来。

4月8日

写信给吴宗锡。说：朱慧珍的病情发展见信后才晓得，看来还须长时间疗养。我的病况进步不大，要恢复到1960年下半年和1961年状况，要经过长期极大的努力。

6月27日

在苏州同吴宗锡谈话。说：你们团①一定要搞好一部像样的现代长篇书目，在评弹界起带头作用。要学施耐庵写《水浒》的方法，把许多"关子"衔接起来，由短到长。

1964年

2月18日

写信给吴宗锡。说：我大概4月底5月中回到杭州、苏州一带②，拟请周云瑞到我处教一星期琵琶。去年炎夏承朱介生来苏开始教琵琶，朱是弹得很好的，不过不是专教乐器的，但也费了他一片心。

3月31日

写信给吴宗锡。说：《夺印》15回听过之后非常高兴，虽然还是初期作品，但是在我看来已经很成功，绝大部分可以使我重复听的。这是总结了传统书、二类书、新长篇之后的创作，吸收了它们的长处，改正了它们的缺点，把几百年来评弹传统开始较好

地继承，在新的时代以新的姿态出现。几年来，我大体听完了二类书，但是还没有引起我复听任何一部的兴趣。传统书中的许多部分，故事情节我已熟透，但还是百听不厌，重要原因就在于对这些故事情节进行了艺术加工的缘故。

4月11日

写信给何占春。希望了解弹词《白鹤图》的故事梗概。

4月17日

写信给吴宗锡。说：在新长篇（中短篇也一样）中，往往不用俞调，这是有理由的。因为俞调适用于传统书或二类书中的古代女子的唱。《战地之花》的两回书中，唱过拖腔不长的俞调，也很好听。我觉得在新长篇中，适当地把俞调继承下来，无害而有益。弹词既有唱，就有唱腔的音乐方面如何更美丽的配合问题。陈调③在新书中已广泛应用，听来很悦耳。把来自京昆剧的角色改成话剧的角色，这是一个大变化。这个转变过程的完成，需要一个时间。你们集中力量先搞一两部长篇，把质量搞得较好些，这是很对的。开演新书之后，不知上海与外地的书场，听客增加还是减少？那些老艺人创新精力不足，老书又不说了，不知他们现在做些什么事？集体所有制的团，收支方面不知如何？便中告我一二。

---

① 指上海市人民评弹团。
② 当时陈云正在广东从化疗养。
③ 陈调，指清乾隆、嘉庆年间评弹艺人陈遇乾所创的流派唱腔。

4月30日

写信给吴宗锡。说：承告目前评弹界所存在的问题[1]，但我已两年未看党的文件，一年未看报纸，所提办法均难以提出意见。这不单是江南评弹界的问题，恐怕全国有不少剧种和曲艺的集体所有制单位都有这类问题。

1966年

1月30日

写信给吴宗锡、李庆福。说：三年左右不见面了。我自己在苏州买的一把琵琶，质量太差。不知你们那里能否找到我所需要的琵琶？如果能找到，有一个条件，我要照付琵琶价款。另外，请找人把弹词过门《乱鸡啼》的琵琶谱写成简谱给我一份。听说周云瑞得了肺病，不知好些否，便中请代我问候他。

陈云学习弹奏用过的琵琶。

评弹演员周云瑞在演唱开篇《秋思》。伴奏：苏似荫、张鉴国。

4月25日

写信给吴宗锡。说：代买的琵琶和《乱鸡啼》过门的记谱都很合适。这几年创作的新开篇，你们认为较好的请开一个单子，以便选些复制。上海几个集体所有制评弹团的卖座率已否提高，能否维持开支？便中望告。

---

① 指集体所有制剧团的经费收支、分配和艺人养老金等问题。

书信手札及释文

宇馆

庆椿同志：

请你们帮我办这两件事：

(一) 把上海、苏州、常熟、宁波全部评弹老艺人闹列一张名单 江州。其中苏州苏世章等人所说的书目，查一查哪些是与派搭搭。请代托有关人员办一下。

如果他们还很熟悉，请代托有关老艺人，也把他们所说的书目记下来。

(二) 去年国庆节在上海评弹协会（？）出版有一种像那报纸那样的馆印刷品，每月一册，把全上届在书场演出说书艺人和所说书目记之到左角边一册。这种印刷品，请代我下月一册把过去发过的，二、这种印刷品摘记是卖的，请代我一份给我，想见这种看上届书场中所说

的角色单我一份给我，想见这种看上届书场中所说的唱的书目。

以上两件事不限时间，办成还我。谢谢。

陈云 一九八○年 一月六日

敬礼！

给吴宗锡、李庆福的信

（一九六〇年一月六日）

宗锡、庆福同志：

请你们帮我办这样两件事：

（一）把上海、苏州、常熟全部评弹艺人开列一张名单，注明各人所说的书目，并且说明是单档还是与谁搭档。其中苏州常熟两地的艺人，如果你们不很熟悉，请代托有关人员办一下。

（二）去年国庆节在上海时见过上海评弹协会（？）出版有一种像"戏报"那样的铅印广告单，每月一张，把全上海各书场当月说书艺人和所说书目统统列在广告单上，这种印刷品据说是出卖的，请代找一下，可否把过去几年的广告单找一份给我，想从这里看看上海书场中近几年说唱的书目。

以上两件事不限时间，办后送我。谢谢。并致

敬礼！

陈　云

一九六〇年一月六日

宗锡同志：

一月十五日给你的信我已去，你看到了，他有事回此来，回内却回我。只是

三明、一九七三年九上海书场节目表收到，

春节后我到上海我还去核查一回，估计多久还能定，请你们不必

求首长安排因为一到那无关了。现定，二到那兩面还看些其他戏

曲。无你们原定了多春假后以三原计划下了。

肯定爱听一次书再，还想找到书韵陈灵犀分别谈之。有机

会还想听听式回你们团内第三流演员同书（及徐雪月事义亭华）。

他作把我找他们谈的意思搞错了。那有可那帮事留的花

现琴风，二十四上午我要去，徐丽仙、听你杨振言谈了一下功的

回回是向、他们去他们所唱卅时的双琴风中那改是已法把健儿

记得那过回新的记情。他们初午、下午的个多月，成绩还好。由新旧书

本部都有这稿一事把提此但无这品格况，别起的记忆一起成功看

来成月粮津定多已石有何而。需要也怕有品茶人自己事情。十二月

蓉

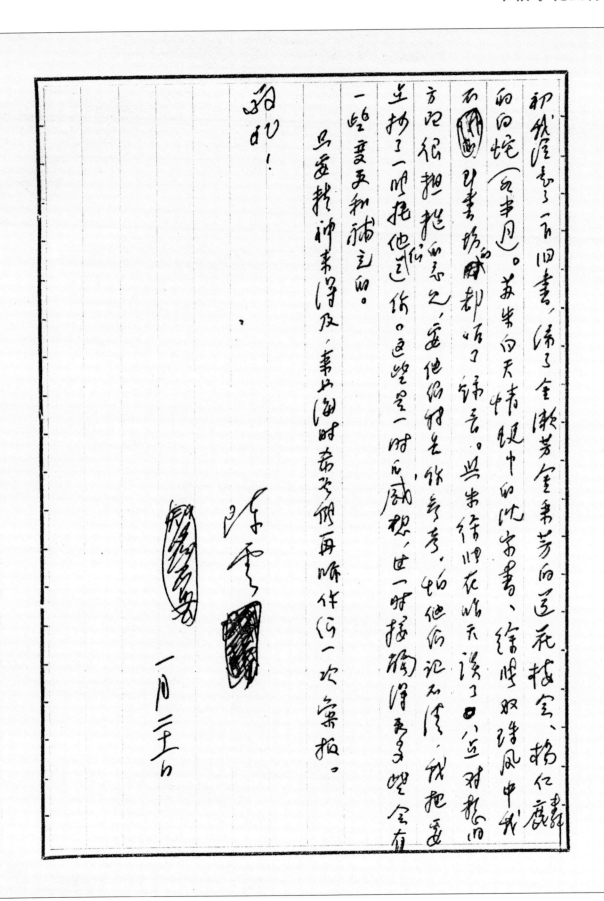

初次选书了一下回书，除了金漱芳金弟芳的这花接云、赵仁康

的白蛇（见书目）。苏弟的天情娃中的沈宗书、绣娃取珠风中我

都别有风趣。比书场的都好了错了结音。兴弟错师在临元谈了口八豆对我的

方面很担起的意之，需他们对先师参考，始他份记石惶，我把需

立抄了一册托他这作。这些望一时的感想，甘一时接稿浮辱事地金有

一些变更和辅之明。

只要靠神来浮及，事此海时若多仍再哪作行一次集报。

路况！

涤云（签名）

一月三十日

给吴宗锡的信

（一九六〇年一月二十一日）

宗锡同志：

一月十五日你给毛处长①的信看到了。他有事回北京，日内即回杭。照片三张，一九五九年上海书场节目表收到。

春节后我到上海找医生检查身体，住多久还难定。请你们不必专为我在仙乐②安排，因为一则能否天天去难定，二则可能还要看些其他戏曲。所以你们原定下乡者仍应照原计划下乡。

肯定要听一次求雨，还想找刘天韵陈灵犀分别谈谈。有机会还想听几回你们团内第二流演员的书（如徐雪月、华×？〈士〉亭等）。

张维桢把我找她们谈的意思搞错了，哪有可能我来帮助整理双珠凤？二十日上午已找朱介生、徐丽仙、张维桢三人谈了一下。我的目的是问问他们在他们所唱的卅六小时的双珠凤中哪些是已经把传统说法改过的新的说法。她〔他〕们初学，只有四个多月，成绩还好。每部旧书如能都有这样一步粗糙的但是有益的整理，则就可说是一种成功。看来几个月整得完美是不可能的，而且也只有靠艺人自己来整。十二月初我注意了一下旧书，录了金漱芳、金采芳的送花楼会、杨仁麟的白蛇（各半月）。苏朱白天蜻蜓中的沈家书③、徐张④双珠凤中我不到书场的都听了录音。与朱徐张⑤在昨天谈了八点对整旧方面很粗糙的意见，要他们转告你参考，怕他们记不清，我把要点抄了一张托他们送你。这些是一时的感想，过一时接触得更多些会有一些变更和补充的。

只要精神来得及，来上海时希望能再听你们一次汇报。

敬礼！

陈　云

一月二十一日

注　释

① 毛处长即毛崇横，曾任中央警卫局警卫处处长、中央警卫局副局长等职。

② 指当时设在上海市南京西路的仙乐书场。

③ 指评弹演员苏似荫、朱慧珍在日场说长篇弹词《玉蜻蜓》中的"沈家书"这一段。

④ 徐张，指评弹演员徐丽仙、张维桢。

⑤ 朱徐张，指评弹演员朱介生、徐丽仙、张维桢。

宗锡同志：

因为我当面要听这些书的编剧演播，不要听的检的，将原来全一部，每种我至少听一次，共计日子都听录音。这种布置对我和对方方面都很合适。

胶带（向北京）与李庆福同志谈过，他说据估计国内买不到。已托人向外买，却不知道能否运入一、二百盘（每盘一千米左右）。如果可以运入，估计一时也难以到货。如果运入已有把握，我可以向中央商请调一点，不然先借给你们一些，待运入货到后还他们。此事待北京有回答后告诉你们。不知你们想买多少盘胶带（以每盘一千米左右计）？请告。专复，并致

敬礼！

陈云 二月二十三日

第二辑书中秦香莲、描金凤、宝莲灯（在二月份）都由浙江评弹团的青年[illegible]、[illegible]、徐天翔[illegible]，这三部书不要录。

再，越剧《情探》一书，我已定浮在评译才四处他们述稿处理它远普的相互的，我已浮有些围就用为寅味与死书前很大区别。但定他们那种大胆设想的精神，值浮评译些人和作为参考的。

清秀。及

给吴宗锡的信

（一九六〇年二月二十三日）

宗锡同志：

二十日给毛处长信看到。三月下旬后的蒋朱档①、黄静芬、朱郭档②都不要来杭，原因如下：（一）杭州一地不断地经常出现这样响档，会引起社会上觉得奇怪而注意，这对于我出入书场会有不便。（二）凡属响档来杭，我就想去听或录音，而无论亲听或听录音，每天听新书三小时，太费力，对我的身体不适当。近一星期来我体力有了增加，今后照医生意见要多作体力活动，因此也不宜在听书方面化的时间太多。以上两点是主要的。此外，（三）杭州一地书场甚少，听众不多，某场来了响档，其他书场的艺人就会因卖座甚少而唱坍，使这些艺人以后在杭州这个码头名誉下降。（四）常在上海演出的艺人，一下改在杭州每天日夜场演出三小时，对他们来说，困难甚多，日夜分档做则杭州一般无此习惯，日夜同一档做则必须每天化不少时间准备书。基于上述四点，杨双档③以后，三月中旬以后你们不必再为此地安排艺人和书目。但是我确实想听两档第二类书，这两档只要像平常一样由上海或苏州民间艺人中派二三流的来杭就行了，因为我只要听听这些书的轮廓结构，不要听响档的，将像去年一样，每档我只去亲听一次，其余日子都听录音。这样布置对我和对各方面都较合适。

胶带问题与李庆福同志谈过，但现货估计国内买不到。已托人问外贸部可否进口一二百盘（每盘一千米达的），如果可以进口，估计一时也难到货；如果进口已有把握，我可以向中央广播局问一下，可否先借给你们一些，待进口货到后还他们。此事待北京有回答后告诉你们。不知你们想买多少盘胶带（以每盘一千米达算）？望告。

专复，并致

敬礼！

陈　云

二月二十三日

第二类书中秦香莲、贩马记、宝莲灯都在二月份由浙江评弹团的曹梅君、葛佩芳、邢瑞庭父女、徐天翔、方梅君说过。三月下旬以后这三部书不要来。

再，越剧玉蜻蜓一书，我并不觉得在评弹方面照他们这样处理是适当的，相反的，我觉得有些困难，因为演戏与说书有很大区别。但是他们那种大胆设想的精神，值得评弹艺人和作家参考的。

陈　云又及

注　释

① 蒋朱档，指蒋月泉、朱慧珍两位评弹演员搭档同台演出。

② 朱郭档，指朱雪琴、郭彬卿两位评弹演员搭档同台演出。

③ 杨双档，指杨振雄、杨振言两位评弹演员搭档同台演出。

给吴宗锡、颜仁翰的信

（一九六〇年四月十六日）

吴宗锡、颜仁翰同志：

听杨斌奎老艺人说描金凤时，我对于苏州坐船到朱仙镇或开封这一点有些怀疑，怀疑明代是否通过这样一条水路。这次到北京，请中国历史研究所对这一点考查了一下，据他们考证的结果，在隋朝就通过船了，而且明朝仍通的，这是一次有益的考证。特把中国历史研究所的来件，打印了几份送给你们，除你们两份外，请再给杨斌奎、朱介生、薛筱卿三位老艺人各一份。

开封能否坐船到襄阳（珍珠塔）、南阳能否坐船到洛阳（双珠凤），我仍怀疑，还在请历史研究所考证。

敬礼！

陈　云

四月十六日

附"关于明代从苏州到开封洛阳的水上交通状况"五份

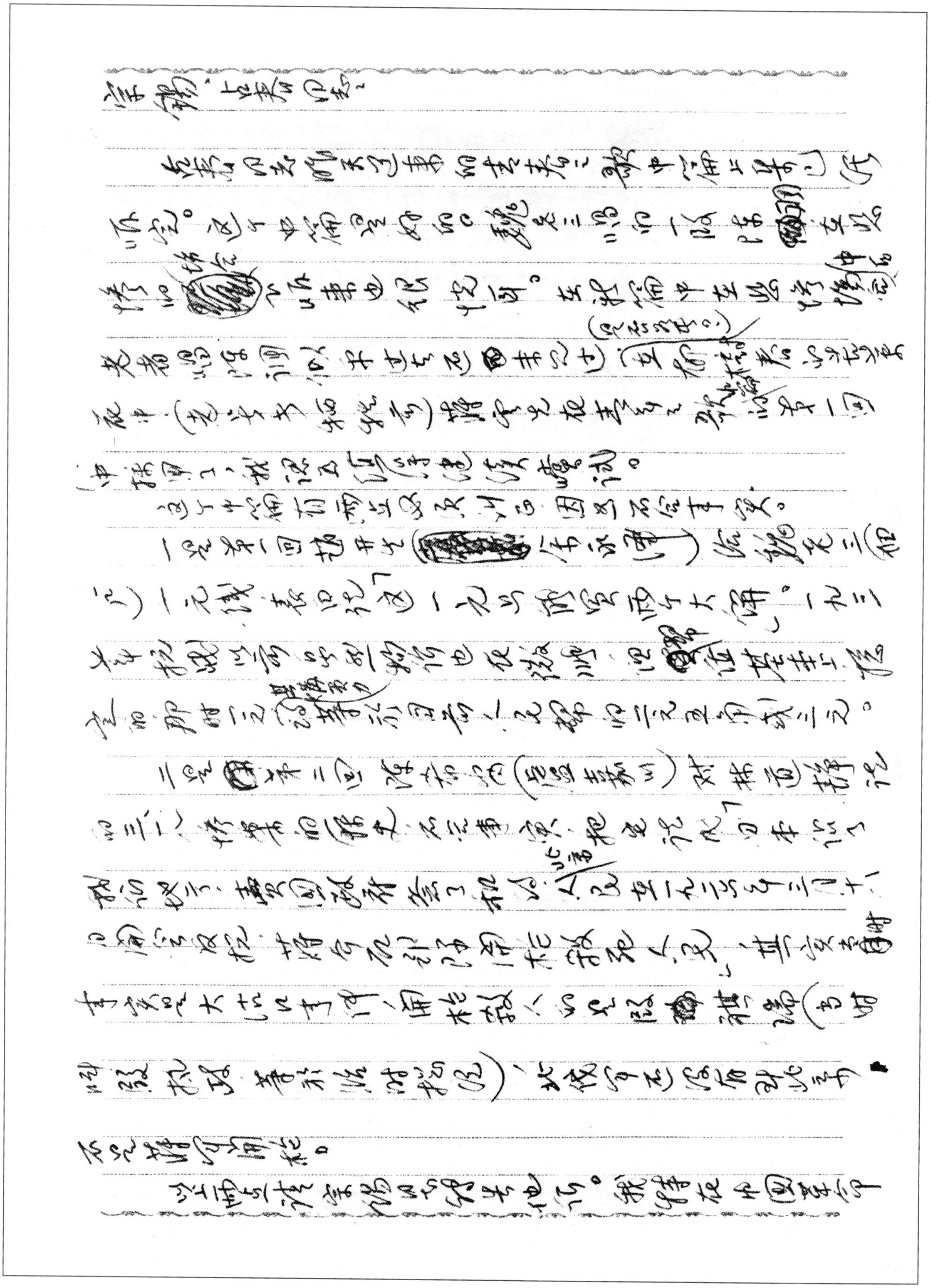

给吴宗锡、何占春的信

（一九六〇年六月四日）

宗锡、占春同志：

占春同志昨天送来的青春之歌中篇上集已经听完。这个中篇是好的。魏老三唱的一段陈调，在悲惨的场合下听来也很悦耳。在新篇中在悲惨场合中的老者唱陈调似乎过去还未见过。（是否如此？）在郁树春的苦菜花中（老号长牺牲前），蒋云先〔仙〕在青春之歌中篇的第一回中采用了，我认为值得继续尝试。

这个中篇有两点必须纠正，因为不合事实。

一是第一回赵开生（余永泽）给魏老三（佃户）一元钱，表白说"这一元只能买两个大饼"。一九三七年抗战以前，虽然物价也在微涨，但币值基本上稳定的，那时一元其购买力约等于目前人民币的二元五角或三元。

二是第二回陈希安（卢嘉川）对林道静说的三·一八惨案的历史，不合事实，把它说成"日本占了我们地方，卖国政府签了和约，北京人民在一九二六年三月十八日开会反抗，蒋介石部队开枪杀死人民"，其实当时事实是大沽口事件，开枪杀人的是段祺瑞（当时叫段执政，等于临时总统），北伐军还没有到北京，不是蒋军开枪。

以上两点请宗锡同志转告他们。我特在中国革命史讲义上把三·一八惨案这一段摘了一点，抄送你们阅后也请转陈赵石①等。凡说有关革命历史的新书，不可不参考一下《中国革命史讲义》。

郁曹档②的苦菜花唱了十三个夜场（一点三刻），我因感冒，除两场外，其余都听录音。卖座力差是意料〈中〉的（每场一百二十多客），但说得很认真，而且长篇说到这样水平，已很不容易。他们共说过十三次，其中三次是一点三刻全说苦菜花。听了之后，有一个很大的感触，觉得好人倒霉的书回太多了，在十三回中占六回。我看过北京苦菜花评剧，听过苏州团的上下集录音，好人虽受牺牲，但三小时或六小时后好人最后胜利了，听来很痛快。把苦菜花演成长篇则好人倒霉的事太多了，只到最后那回才大快人心。这样使听众感觉沉重，难于天天听下去。从这里提出了一个原则问题，现在新长篇评弹的原稿大概来之于解放后出版的小说。而这些小说大体又是描写革命秘密工作时期、敌后抗战时期、或则解放战争初期的革命活动，虽然这些斗争结局都是胜利了，但经过极大牺牲和残酷斗争。如果照书演述，势必好人倒霉的比重太大，坏人得势的成份太多，在长篇中给听众以沉重的感觉。看来这样说法不合乎说书的规律，也把历史事实歪曲了。历史事实是革命现在胜利了，应该在全书中要贯彻一条革命胜利的线。有时某个革命者在小说中牺牲了，但在评弹中可以不死，因为他的不死像〔象〕征革命胜利。当然刘胡兰、向秀丽是另一回事，而且这种短篇或开篇仍要唱。好人不怕遭难，但传统书中"逢凶化吉，遇难成祥"是有它一面〔定〕道理的，因为这正合乎历史事实和人民要求的。

听了苦菜花后，重新把新长篇的感想写了一下，寄给宗锡同志一份，请看对否？

英烈再听二十回后可以告一段落了，只要把全书提纲写给我，可以不听上半部了。

二三天后来上海，约住半月。今后听些什么录音，那时与你们再商量。

敬礼！

陈　云

六月四日

注　释

① 陈赵石，指评弹演员陈希安、赵开生、石文磊。

② 郁曹档，指郁树春、曹织云两位评弹演员搭档同台演出。

宗锡同志：

送给上海市（人民评弹团一册简明中国通）送二

本中国分省地图、一部辞源，其中地图和辞源还

是我用过的旧本子。（送这几个本子的意思，想引起

朋友们对於难也，和地理进行考查核对的兴趣。

多些考查核对一番也好地理，需要大量书籍，

需要藉助於图书馆，靠这三个本子起不了什么

大作用，不过我希望图书而引起朋友们对这一

方面的兴趣而已。专此。书赴

敬礼！

陈云 一九六〇年 六月日

给吴宗锡的信

（一九六〇年六月五日）

宗锡同志：

送给上海市人民评弹团一册简明中国通史、一本中国分省地图、一部辞源，其中地图和辞源还是我用过的旧本子。送这几个本子的意思，想引起朋友们对于历史和地理进行考查核对的兴趣。当然，考查核对历史和地理，需要大量书籍，需要藉助于图书馆，靠这三个本子起不了什么大作用的，不过我希望因此而引起朋友们对这一方面的兴趣而已。此致

敬礼！

陈　云

一九六〇年六月五日

宗锡同志：

青春二歌十三回译音师完了，还直接叫威完写了，□□乱行，请你没时告诉赵、石。

弱和！

陈云 □月十四

给吴宗锡的信

（一九六〇年六月十日）

宗锡同志：

青春之歌十三回录音听完了，凭直接的感觉写了几行，请你便时告诉赵、石①。

敬礼！

陈　云

六月十日

听了十三回青春之歌的录音之后，感觉到有以下几点意见：

一、三·一八纪念的历史事实已提过并曾附一段记载，今天不再提它。此外还有两点看来不合事实：（一）第二回第三回中都提到杨庄小学校长想把林道静献给县长的目的，是为了使县长帮忙让自己去当"警察厅长"，这警察厅长恐不合事实，厅长是省政府一级的官职，县一级官职只能是警察局长。一个小学校长由县长帮助一下升任省的警察厅长，情理上说是很难的，恐怕改为警察局长的好。（二）第四回林道静因宣传抗日被辞退杨庄小学教员职务时，石文磊（林道静）提出"蒋介石不是打电报给施肇基向'国会'提出日本侵占我国东北的问题吗"。事实不是向"国会"提出，而是向'国际联盟'提出。那时的国际联盟，与现在的"联合国"差不多。"国际联盟"的历史和组织，估计在近代革命史上找得到。

二、在有些书回中听来还感觉太单调、太戏剧化、太像小说（指对白），评弹中固有的那种夸张的说表、轻松的说表还不够。觉得太单调太政治化的是第八回（北大操场三·一八纪念会）、十二回叛徒戴瑜与林道静的谈话也太像话剧中的谈话，太枯燥。

第五回流氓在书店胡闹一段、十三回两个特务监视林道静一段，比较活泼轻松些。

三、有些地方用说书人的地位，可以进一步说明一些情况，如说明国际联盟在九一八日军占东北后曾派过一个"李顿"（英国人）为首的代表团到东北当地去考察"中日冲突"，所谓国际组织都是怕硬欺软的。可以说明宪兵三团的蒋孝先，不久在西安事变（一九三六年十二月十二日）中被张（学良）杨（虎臣）的军队打死了，蒋介石也在那次被捉了。这些虽与青春之歌本书无关，但这种说明有助听众了解历史，可使听众心情舒畅。

应该说总的说来这十三回书是好的，初说有这样成绩是很好的。继续改进，必有更好成绩。

六月十日

———————

注　释

　　① 赵、石，指评弹演员赵开生、石文磊。

宗锡同志：

（日本標準規格 B—4）

给吴宗锡的信

（一九六一年一月二十四日）

宗锡同志：

　　占春同志送来与你们商量过的一年的录音计划，收到，研究一下后再和你们商量。但后白蛇、东亭三笑、杨乃武后段（已听过前段，也是录的严雪亭的），则肯定可以录来。

　　毛处长随总理①去缅甸路过昆明时，搜集了昆明风景、昆明游览图、昆明大观楼的长联三本书。后两本有关"昆明湖"的问题。三本均请你便中送给秦纪文，因为在杭州演出后我曾找秦纪文谈话，谈到过昆明湖的大小地理位置，秦是照辞源上解释来说表昆明湖的，我未去过昆明。毛处长过去到过，这次又路过，兴趣特高，搜了三本，特送给秦纪文。据昆明交际处同志说，昆明还有孟丽君墓，可惜毛未去一看。

　　朱卞档②的修改后的珍珠塔共二十六回听完了，想过一下有点感想。关于江苏戏曲所载锡剧珍珠塔的四期辩论文章也看了。这四期文章我也给周扬同志看了。因为锡剧在京演出时，周扬同志看过。为珍珠塔的辩论文章与修改问题，我曾与周扬同志谈过两次，我们的意见是大体相同的。今天胶带箱带走，匆匆写此信，不及发议论，容隔几天专给你一信。

　　　　　　　　　　　　　　　　　　　陈　云

　　　　　　　　　　　　　　　　　　　一月廿四日

注　释

　① 总理，指周恩来。

　② 朱卞档，指朱雪玲、卞迎芳两位评弹演员搭档同台演出。

宗锡同志：

告诉你一些我对于朱卞楷廿六回修改过的珍珠塔的一些感想。

我认为不管怎样，这种尝试的精神是必需鼓励的，不管想改的愿望是成功的还是不成功的，因为我们用几种方案来试改珍珠塔是非常必要的，只有多用几个方案进行试改，才能使我们最后比较对这部传统弹词究应大改还是小改，那种改法好。

我听完了这廿六回书以后，感觉到现在改的几个要点并不合情合理。例如：

(一)方卿不中状元而羞姑，完全勉强。很难设想一个落难的书生，到陈府去寻母，以后竟要假装中状元来羞辱姑母。这样的书没有另外一个铁证，仍然表现出方卿是滑头，不老实。上次告诉我你去苏州与周良也等谈过，究竟方卿不做官这一点还要再考虑，我看是应该一再考虑的。

(二)把陈廉改为反面人物，假道学，想赖婚，但赖婚这件事，在陈廉口中（对方卿方母）始终未表面化，表现不一，不痛不痒。也反证书情如无大改，把陈廉改为反面人物也不容易。

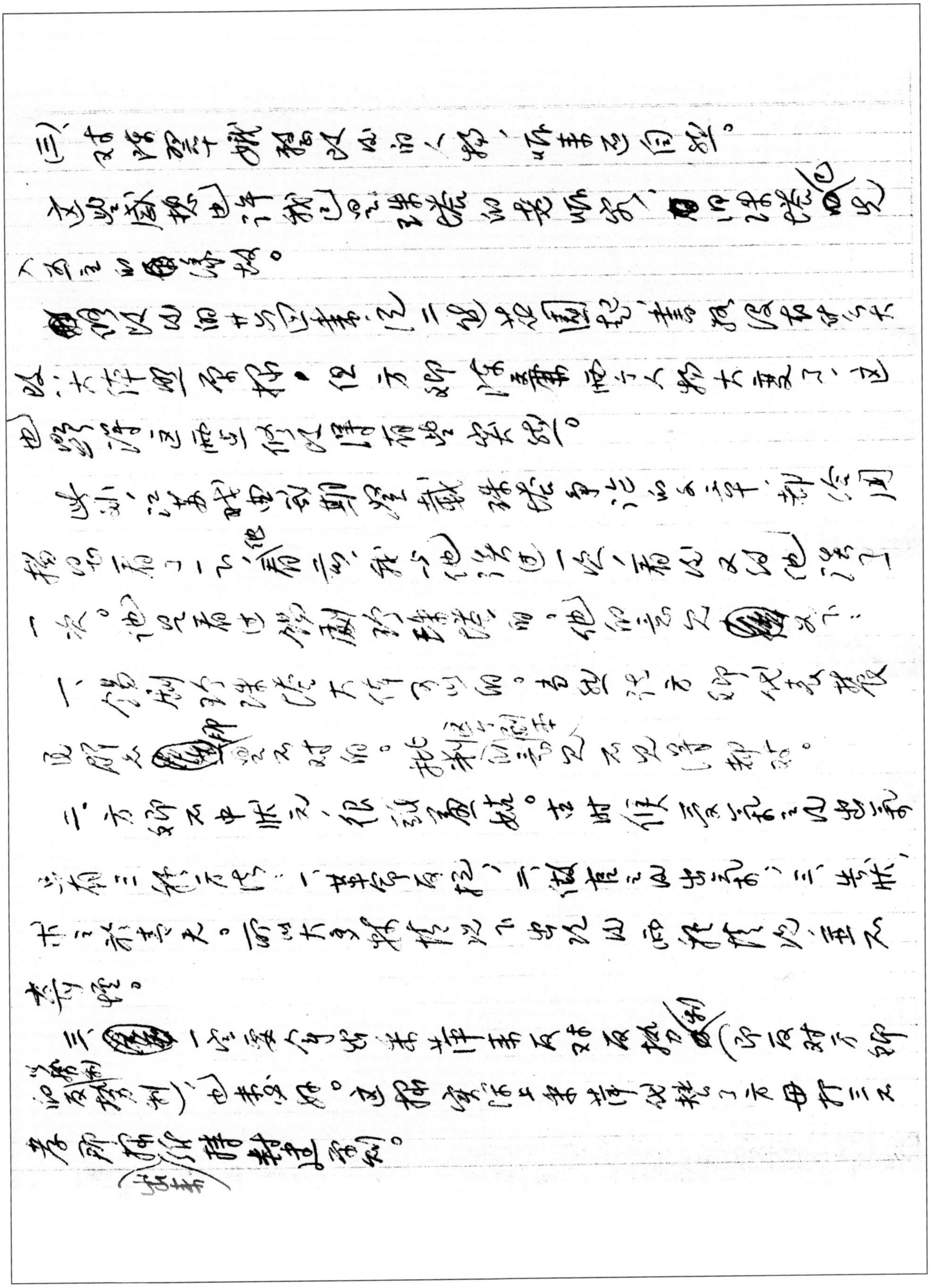

四、陈廉在原剧中作为正面人物，在历史上士大夫阶层中也有这样的人。

五、珍珠塔不能说是一个革命剧本。但是有对人情势利，这点是得人心的。

我听周扬同志的意见，似乎说要把锡剧珍珠塔剧本大体可以，不要作很多大改。

书面弹词与戏剧不同，在戏剧中有些事和人可以简单（因为只有三小时），而弹词要说唱几十回书，对人物和素材必须详细描写，这也是弹词珠塔的不得不拖段又不易拖段的原因所在。

不知苏州拖段的珠塔已演出否？我希望，如已演出，有机会也录来听一下。

我仍然希望你们再继续研究一下珠塔的拖段工作，不要因为我和周扬同志说了这些意见，使珠塔的拖段工作受影响。并且各个方面的意见都要参考。不妨继续改，不成功的试验，这些试验无疑将对我们对珠塔的拖段有帮助，将帮助认识珠塔拖段的尺度。

祇写此道理。专覆顺颂不另。

陈云 一九六一年二月十二日

给吴宗锡的信

（一九六一年二月十二日）

宗锡同志：

告诉你一些我对于朱卞档廿六回修改过的珍珠塔的一些感想。

我认为不管怎样这种尝试的精神是必需鼓励的，不管整改的经验是成功的还是不成功的，因为我们用几种方案来试试整改珍珠塔是非常必要的，只有多用几个方案进行试改，才能便于我们最后地判断对这部传统弹词究应大改还是小改、哪种改法好？

我听完了这廿六回书以后，感觉〔得〕现在改的几个要点并不合情合理。例如：

（一）方卿不中状元而能羞姑，觉得勉强。很难设想一个落难的书生，到陈府去寻母，以后竟发展到假装中状元来羞辱姑母。这样的书路还有另外一个缺点，仍然表露出方卿是"滑头"不老实。上次告诉我你去苏州与周良同志等谈后，觉得方卿不做官这一点还要再考虑，我看是应该再考虑的。

（二）把陈廉改为反面人物，假道学，想懒〔赖〕婚，但懒〔赖〕婚这件事，在陈廉口中（对方卿、方母）始终未表面化，表里不一，不痛不痒。也反证了书情如无大改，把陈廉改为反面人物也不容易。

（三）对陈翠娥整改后的人物，听来还自然。

这些感想也许我已是珠塔的老听客，旧珠塔已先入为主的缘故。

修改后的廿六回书，从二进花园起，书路没有什么大改，大体照原样，但方卿、陈廉两个人物大变了，这也显得这两点修改得有些突然。

此外，江苏戏曲几期登载珠塔争论的文章，都给周扬同志看了一下。他看前，我与他谈过一次，看后又约他谈了一次。他是看过锡剧珍珠塔的。他的意见如下：

一、锡剧珍珠塔大体可以的。当然说方卿代表农民群众那是不对的。批判这个剧本的意见不见得都对。

二、方卿不中状元，很难羞姑。古时候受气之后出气只有三种方法：（一）革命反抗；（二）做官之后出气；（三）告状，求之于青天。所以大多数情况下出现后两种情况，并不奇怪。

三、一定要拿出采萍来反对反势利（即反对方卿的以势利反势利），也未必好。

这样实际上采萍代替了方母打三不孝那样出来维持封建原则。

四、陈廉在原剧中作为正面人物，在历史上士大夫阶层中也有这样的人。

五、珍珠塔不能算是一个革命剧本。但是反对人情势利这是得人心的。

我听周扬同志的意见，似乎现在锡剧珍珠塔剧本，大体可以，不要作什么大改。

当然，我看弹词与戏剧不同，在戏剧中有些事和人可以简略掉（因为只有三小时），而弹词要说唱几十回书，对人物和书路必须详细描写，这也是弹词珠塔的不得不整改又不易整改的原因所在。

不知苏州整改后的珠塔已演出否？请查告。如已演出，有机会也录来听一下。

我仍然希望你们反复钻研一下珠塔的整改工作，不要因为我和周扬同志说了这些意见使珠塔的整改工作受影响。并且各个方面的意见都应当考虑。不妨经过几次不成功的试验，这些试验无疑将对我们对珠塔的整改有帮助，将帮助认识珠塔整改的尺度。

就写到这里。李庆福同志不另。

敬礼！

陈　云

一九六一年二月十二日

宗锡同志：

二月二十一日信、秦纪及叩收扁盂前君弹词的一些回忆、

都随上春同志董寿的照带来给我了。

上次通志的会参词言寿话、看过了。那些（印描子）少

荆钗记、长生殿别不详了、国云大修吗过了。己之夜前有今

此春曰时的行也记过了。今天又看了一下、信言书同春

纪文佑了西印、聊斋二里西施、这西印书大概都是抄

就仙却遍的、艺人的唱记浮石题。一人晏後两部是恐此

加。读程。女果师纳成功他一部抄了我别人为传一印书。

金格伊及朱甫桓相梁视都不传。

再找些艺人些些记书评路是得有用的、女果师些

上的且备。可以出本小册子、这对我评弹艺人特别是青

年艺人是很有帮助的。现立写美新评弹文章的人太少了

预艺人自己当一些、很有必要。我立报刊上看印的艺人的

敬礼！

文章大多是赞美颂扬有人的思想以及事之，我至今没有看到过世界於评弹艺术的文章。可以看了泰儿又海回院纸有兴趣。

曲调瓜派宴演，十二个节目都听了。我建议你们製一套唱用很好。我还是把建议你们把这几个素的歌舞剧编入上海团和其他团艺人的剧目中），选择十个或廿个，退此割给、滩戏唱片、对新闹编的振屏室有好处的。

今各种韵研究进步，对新闹编的振屏室有好处的。

春三部孔代专篇是好事。不宜多，有此三部就够了。哲与你研究之歌、振海雪、军、战火中的青理使兄专篇为四也是好事。

不料去年的排回计划室成了多力，也不要急，排回理使兄专篇为四也是好事。

四月份的排书到此竟演出，此竟的江评人大概会晚些的。那时我里忽在京未室。手後丘眺。

陈云 三月一日

给吴宗锡的信

（一九六一年三月一日）

宗锡同志：

二月二十一日信、秦纪文的《改编孟丽君弹词的一些回忆》都随同占春同志带来的胶带于今天收到。

上次送来的今年录音打算，看过了。顾鼎臣（即林子文）、荆钗记、长生殿可以不录了，因为大体听过了。这已在前天给占春同志的信内说过了。今天又看了一下录音书目，秦纪文占了两部，一是聊斋二是西施，这两部书大概都是解放后新编的，艺人可能说得不熟，一人准备两部是否吃力？请酌。如果能够减少他一部书，则可找别人另录一部书。金枪传及朱郭档的梁祝都可录。

再找些艺人写些说书经验是很有用的，如果能写上四五篇，可以出本小册子，这对于评弹艺人特别是青年艺人是很有帮助的。现在写关于评弹文章的人太少了，让艺人自己写一些很有必要。我在报刊上看到的艺人的文章大多是关于本人的思想改变、新旧社会对比的认识等等，几乎没有看到过关于评弹艺术的文章。所以看了秦纪文的回忆很有兴趣。

曲调流派汇演十二个节目都听了，能灌制一套唱片，很好。我还是提议你把这几年来的新内容开篇（上海团和其他团艺人的都可以），选择十个或廿个，经过斟酌，灌成唱片，对新开篇的推广定有好处的。

今年能够研究青春之歌、林海雪原、战火中的青春三部现代长篇是好事。不必多，有此三部就够了。整理传统长篇分回也是好事。

不知去年的整旧计划完成了多少？也不必急，整旧也只能逐步整。

四月份有四档书到北京演出，北京的江浙人大概会欢迎的。那时我是否在京未定。专复，并致

敬礼！

陈 云

三月一日

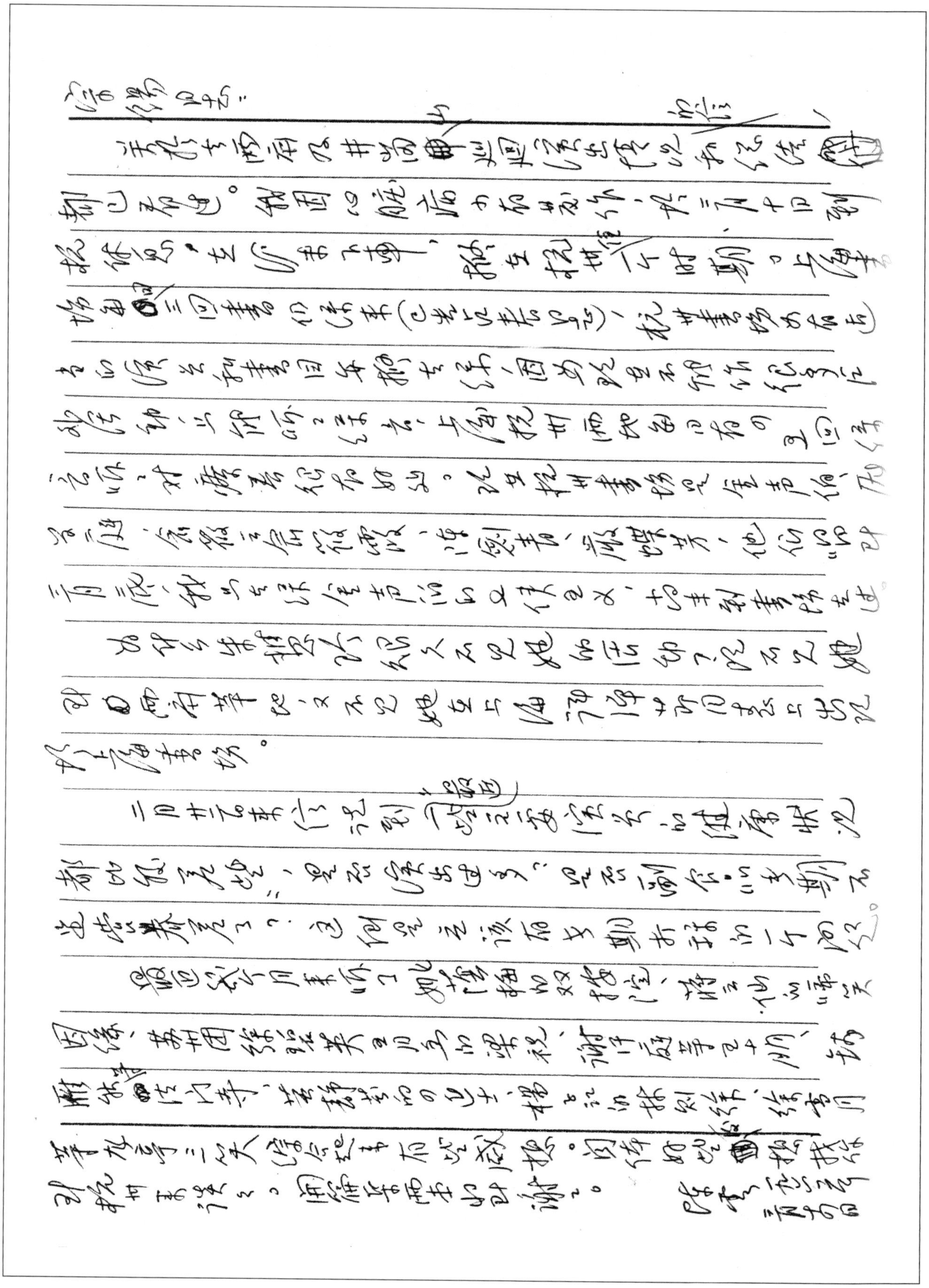

给吴宗锡的信

（一九六二年三月十四日）

宗锡同志：

　　关于去两广及井冈山巡回演出情况的信和总结，都已看过。我因心脏病小有发作，于三月十日到杭休息，在沪未下车，拟在杭州住一个时期。上海书场每日三回书仍录来（已告占春同志），杭州书场如有适当的演员和书目亦拟去录，因为现在不能作很多户外活动，只能听听录音，上海杭州两地每日有四五回录音听听对疗养很有好处。现在杭州书场是金声伯、庞学庭，俞筱云、俞筱霞，陈剑青、严蝶芳，他们唱到三月底，我只去录金声伯的七侠五义，尚未到书场去过。

　　为什么朱慧珍很久不见她的活动？既不见她到两广等地，又不见她在上海评弹节目表上出现于上海书场。

　　二月廿二日来信说到"最近一些主要演员的健康状况都比较差些"，是否演出过多？是否副食品长期不足营养差了？这倒是应该有长期打算的一个问题。

　　最近几个月来听了姚荫梅的双按院、蒋云仙的啼笑因缘、苏州团徐碧英王月香的梁祝、谢汉庭等王十朋、钱雁秋等法门寺、黄静芬的四进士、杨子江的林则徐、徐雪月等龙亭三笑，综合起来有些感想。身体好些后想找你到杭州来谈谈。开篇集两本收到，谢谢。

陈　云

一九六二年三月十四日

给吴宗锡的信

（一九六二年三月二十八日）

宗锡同志：

去年谈过我想听听玉蜻蜓，因为对金大娘娘这个人物的性格在艺人中有不同的意见。去年十一月、十二月苏州团的俞筱云俞筱霞在上海演出时连录了两个月共五十一回（三刻钟一回），俞双档是说的玉蜻蜓中段，以沈家书为主，金家书只说《评梦》、《文宣荣归》、《元宰过寄》等三段，再加两回《夺埠头》就剪书了。这次到杭州来，金月庵金凤娟在西园演出夜场是玉蜻蜓后段，每晚一点半钟，共二十五回等于上海书场的五十回。我到杭州前，杭州电台他们为自己业务上的需要都已录下，我借来全部听了，从《夺埠头》、《元宰过寄》、《看龙船》、《庵堂认母》、《厅堂夺子》、《开祠堂》直到元宰中状元全书结束为止。现在没有听的就是玉蜻蜓前段了，但是估计现在能在书场演出的前段，回数不会很多了，如果有适当机会当然还是希望听听的，没有机会不妨迟一下。听了俞双档和金双档的书后，我想请你找些材料给我，我希望知道对金大娘娘人物性格不同看法的理由是什么？譬如：（一）认为应该把金大娘娘作为正面人物，或者不应该把她作为反面人物的理由有哪几条？（二）把金大娘娘作为反面人物的理由有哪几条？把双方的论据告诉我，以便我也来想想。

此外在传统说法中在"厅堂夺子"一节中张国勋这个人物的性格是怎样的，也请查告。

我到杭州后精神好些，但仍不能多说话，希望二三个月后能恢复正常。精神更好些时，可能找你和陈灵犀一起来杭州谈谈关于玉蜻蜓问题。

敬礼！

陈　云

一九六二年三月廿八日

我在杭州，仍住原处。

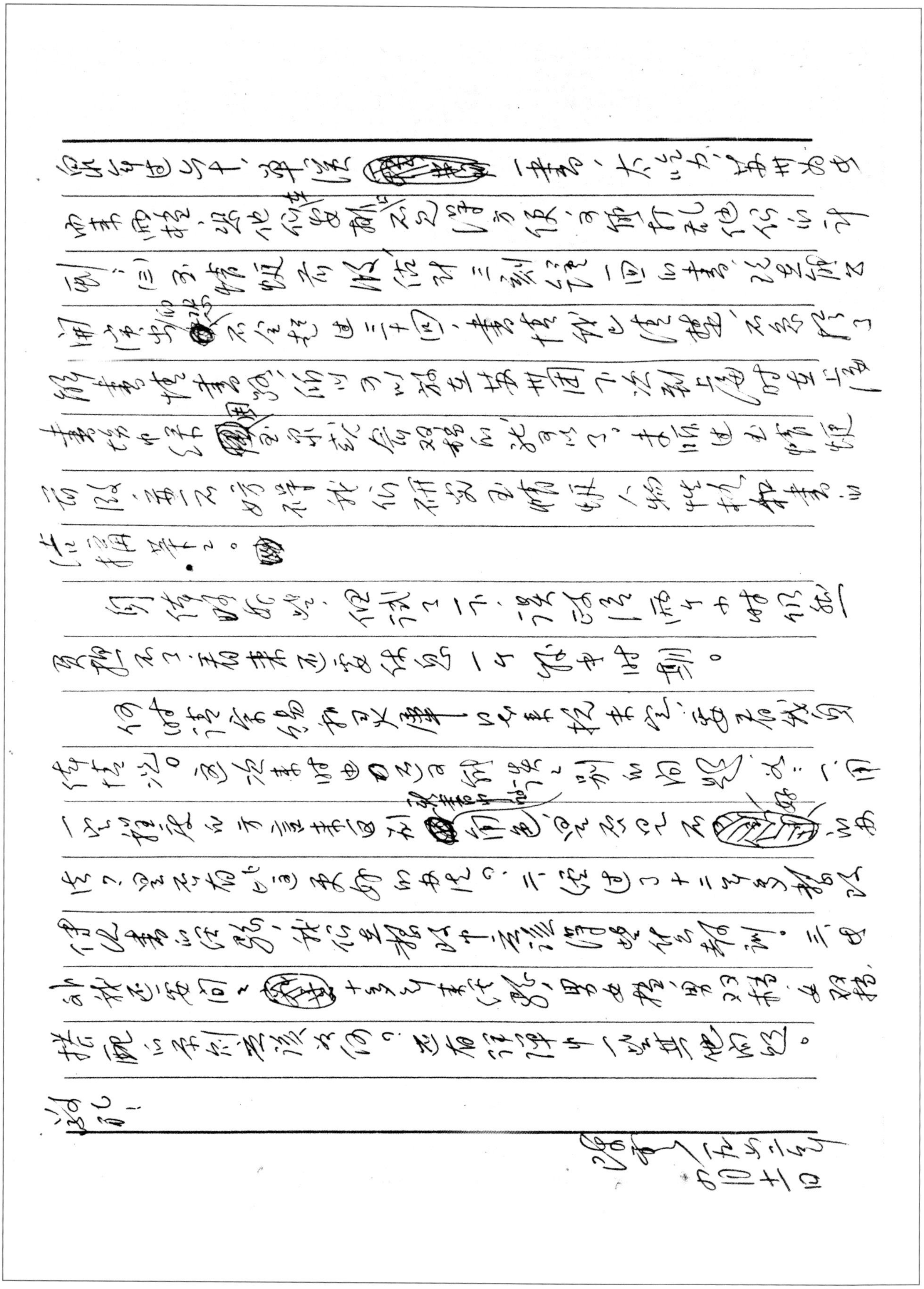

给何占春并吴宗锡的信

（一九六二年四月十一日）

占春同志并请转宗锡同志：

四月四日来的胶带十七盘收到。但三笑、小金钱、三国各缺少一盘，徐陈档①、陈祁档②、唐耿良都是三月三十一日剪书的，最后一盘三笑是第四十六回，小金钱第二十六回、三国是第廿三回，都各缺一盘，即三笑缺第四十五回，小金钱缺第廿五回，三国缺第二十二回，估计日期是三月二十九或卅日演出的，我估计你们已经录了没有送来。但也有可能那天漏录了，这缺少的三回演员是肯定在东华书场演出了的，因为在我听录音后的书情记录上就缺少这三回。

白鹤图是一部很不熟悉的书，我既未听过，又未看过小说，因此仅仅听录音，那些书内主要人物的姓名可能听得不确切，仍照过去杨仁麟演出双珠球办法，请录音员或宗锡同志要艺人把该书内主要人物的姓名抄一张单子给我。以后遇到不熟悉的书都可这样办。

宗锡同志四月七日来信及玉蜻蜓材料收到。苏州不必派人来杭州演出玉蜻蜓前段，因为：（一）俞筱云等三月底才在三元③西园演出离杭，不宜即来复档；（二）周玉泉年过六十，单演一书，太吃力，苏州为此而来两档，恐他们在安排上不见得方便，可能打乱他们的计划；（三）玉蜻蜓前段，估计三刻钟一回的书，现在能公开演出的恐不会超过三十回，书情我已清楚，不急于了解书情书路，所以可以放在苏州团下次到上海时在上海书场中录周玉泉或俞双档的就可以了。未听过玉蜻蜓前段，并不妨碍我们研究玉蜻蜓人物性格和书的结构等等。

身体略好些，但试了一下，谈政治两个小时仍然负担不了，看来还要休息一个较长时期。

何时请宗锡和灵犀④同志来杭未定，要看我身体情况。这次来时也还可能谈谈别的问题。如：一、用一定程度的方言来区别新书中的角色，是否是不好的办法？是否有比这更好的办法？二、经过了十二年多整改传统书的经验，我们在整改中应该得些

什么教训。三、此外我还要问问十多年来经验，男女档、男双档、女双档搭配的原则
应该如何？还有评弹中一些其他问题。

敬礼！

陈　云

一九六二年四月十一日

注　释

① 徐陈档，指徐雪月、陈红霞两位评弹演员搭档同台演出。

② 陈祁档，指陈莲卿、祁莲芳两位评弹演员搭档同台演出。

③ 指当时设在杭州市惠兴路的三元书场。

④ 灵犀，即陈灵犀，评弹作家。

给吴宗锡的信

（一九六三年四月八日）

宗锡同志：

四月五日信收到。朱慧珍同志的病情发展见信后才晓得，看来还须长时间疗养。

我的病况进步不大，去年十二月起未出户外三个月，体力下降，体重减轻，连绵不断的在"感冒"中，这是由于抵抗力弱的缘故，要恢复到一九六〇年下半年和一九六一年状况，要经过长期极大的努力。目前比去年十二月至今年一二月情况已好些，但比去年六月你们去香港演出前在上海与你见面时身体弱了些。知注特复，并致敬礼！

陈　云

四月八日

给吴宗锡的信

（一九六四年二月十八日）

宗锡同志：

去夏苏州见后，已半年多了。我的健康有进步，不过很慢。

谅来你们忙于搞新长篇，所以好些演员几月来未见在上海演出。夺印、如此亲家两个中篇均听过，都很好。

我大概四月底五月中回到杭州苏州一带，那时拟请周云瑞到我处来教我一星期的琵琶，上次请周抄写的《无锡景》、《凤阳花鼓》、《柳青娘》都已收到。如果他有空仍希望他把《唱春（即孟姜女）》和《夜深沉》抄一份来，如果他很忙，迟些抄来也可以。按照今年十一月廿日我离上海前与他商量的学习时间分配，集中三百小时练习滚音，现在勉强可以每分钟滚六百声了，不过音量轻重尚未很匀，在曲调中运用滚音，还不熟练，不自然，想来是必经过程。不过"夹弹"练得很少，没有进步，五月到杭苏时，拟请他教教"夹弹"的练习方法。

去年炎夏承朱介生来苏开始教了琵琶，朱是弹得很好的，不过不是专教乐器的，所以教授方面没有周云瑞熟练，但也费了他一片心。去年与他谈话，他说四十余年未去北京，很想随我去一次，我约今年六月上中旬，经杭苏回北京，不知那时朱介生能否给他一个时间随我去北京一次（顺便教教琵琶）。朱去北京是可以搭我的车厢，到京后食宿由我安排。回上海车票，也可由我赠送。近来未见朱演出，不知身体好些否。

陈　云

六四年二月十八日

给吴宗锡的信

（一九六四年三月三十一日）

宗锡同志：

三月四日信收到，《夺印》十五回已寄来听完，听过之后非常高兴。虽然这还是初期的作品，但是在我看来已经很成功，这部书的十五回中绝大部分可以使我重复听的，这是总结了传统书、二类书、新长篇之后的创作，吸收了它们之中的长处，改正了它们中的缺点，可以肯定地说把几百年来评弹传统开始较好的继承了，在新的时代以新的姿态出现。几年来我大体听完了二类书，但是还没有引起我复听任何一部的兴趣，没有"复"过，新长篇虽然重复听过几遍的，有《青春之歌》、《林海雪原》等，但那种复听仅仅为了听听有何改进，并不是艺术加工上已经达到可以使人"复"的程度，而夺印的十五回是可以"复"的。传统书中的许多部分翻来覆去听不厌，故事情节我已熟透，但还是百听不厌，重要的方面还是在于这些故事情节进行了艺术加工的缘故，我想我这样，其他听客也是这样，听客熟知白蛇传、玉蜻蜓、珍珠塔、描金凤等等的故事，但是还是听了再听，其原因就在这些书中的许多回目是艺术方面加过工的故事。夺印十五回的出现，我祝你们成功。

陈　云

六四年三月卅一日

另，对秦纪文的信这样退还很好[①]。朱介生去北京的时间不会太长，一个月尽够他玩的了。四月中下旬我即到苏州，约留一月或一月半即北上。在这期间请周云瑞分二次来苏州，每次两天就足够了。由学琵琶想到评弹界似乎还应该多培养几个乐器教员，像周云瑞这样能记谱的人恐怕不多，老艺人弹了几十年而且许多弹得非常好，可惜不会记谱，单靠照谱弹奏是不行的，但学员们学习初期有了谱就容易学得多了。朱介生是弹得很好的，但不会记谱，非常可惜。

问候李庆福同志。

陈　云又及

注　释

① 据吴宗锡回忆，评弹演员秦纪文给陈云写信，提出个人的某些要求，陈云感到不便回答，于是要吴宗锡把信退还给秦纪文，并作了一些解释。

196　年　月　日　第　頁共　頁

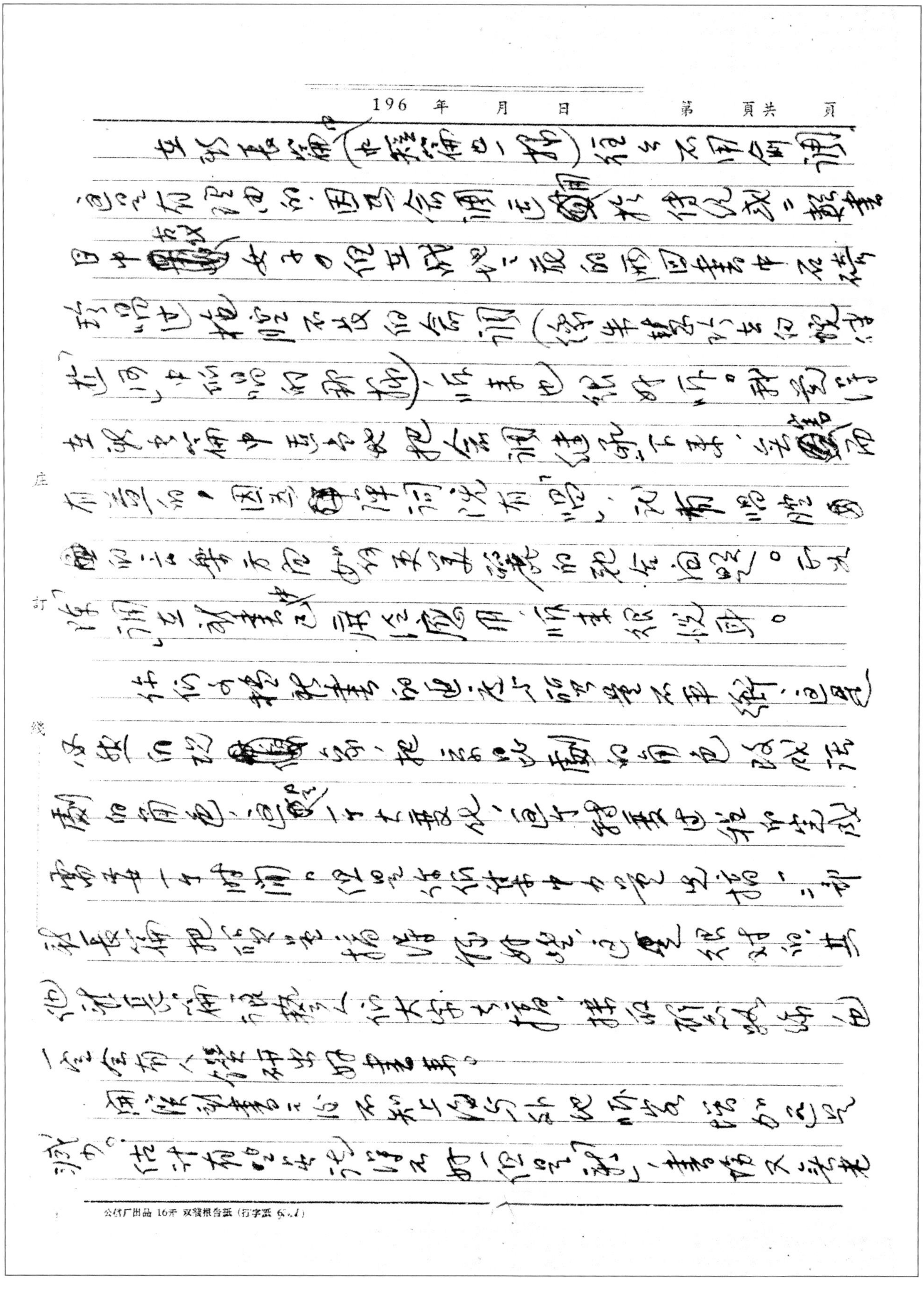
196 年 月 日 第 頁共 頁
庄
訂
线
公信厂出品 16开 双线报告纸（行字纸 6.1）

196　年　月　日　　　第　頁共　頁

庄

訂

给吴宗锡的信

（一九六四年四月十七日）

宗锡同志：

四月八日信收到。我已于四月十五日到苏州仍住原处。周云瑞来苏时间，请你按可能安排，我希望他来两次，一次早些来，另一次在我离苏（五月底）前来。第一次请他检查一下我在近四五月练习方面的缺点毛病，告诉我如何按步〔部〕就班地进一步练习。第二次，检查一下第一次谈后的练习情况，并商量今后四或五个月如何进一步练习。他来苏州的来往车费都由我支付，到苏州后食宿亦由我负担。到苏州后如何接洽由杨秘书①另纸告诉你。

战地之花也已听过，虽然不及夺印，可以看出这个新长篇大概华士亭本人化的功夫多些，一个艺人创作新长篇有这样水平，也应该算很好了。

夺印与战地之花的主角都是革命时代的新女性，你们把夺印中原胡文俊男子改成女同志胡文英，这个设想很好。

在新长篇中（中短篇也一样）往往不用俞调，这是有理由的，因为俞调适用于传统或二类书目中古代女子。但在战地之花的两回书中，石琦珍唱过拖腔不长的俞调（像朱慧珍在白蛇传"游河〔湖〕"中所唱的那样），听来也很好听。我觉得在新长篇中适当地把俞调继承下来，无害而有益的，因为弹词既有"唱"，就有唱腔的音乐方面如何更美丽的配合问题。正如"陈调"在新书中已广泛应用，听来很悦耳。

你们各档新书的进度与质量不平衡，这是必然的现象，把京昆剧的角色改成话剧的角色，这是一个大变化，这个转变过程的完成需要一个时间。但是你们集中力量先搞一二部新长篇，把质量搞得较好些，这是很对的。其他新长篇让艺人们大家去搞，采取群众路线，也一定会有人钻研出好书来。

开演新书之后不知上海与外地听客增加还是减少？估计有些虽说得不好，但是"新"，书场又无老书出现，可能听客不会减少，有些艺人说得好的，听客还可能比平常的平均数增多。那些老艺人创新精力不足，老书又不说了，不知他们现在做些什么事？集体所有制的团收支方面不知如何？便中告我一二。

敬礼！

陈　云

一九六四年四月十七日

注　释

① 杨秘书，指陈云办公室秘书杨乃智。

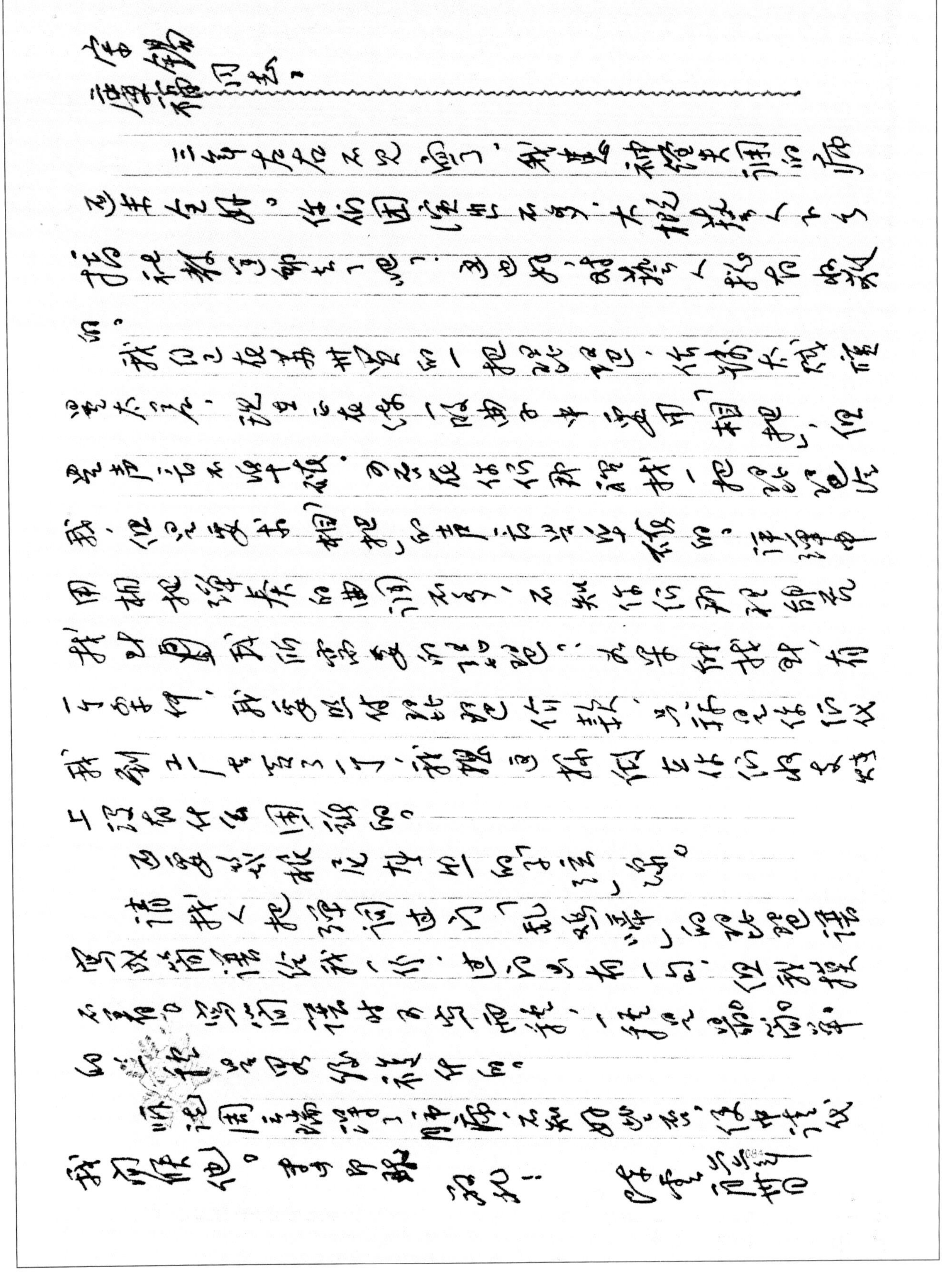

给吴宗锡、李庆福的信

（一九六六年一月三十日）

宗锡、庆福同志：

三年左右不见面了，我患神经失调的病还未全好。你们团演出不多，大概艺人下乡搞社教运动去了吧？这也好，对艺人总有收获的。

我自己在苏州买的一把琵琶，价钱太贱质量太差，现在正在练一段曲子中要用"相把"，但是声音不准确。可否在你们那里找一把琵琶给我，但是要求"相把"的声音是准确的。评弹中用相把弹奏的曲调不多，不知你们那里能否找到我所需要的琵琶？如果能找到，有一个条件，我要照付琵琶价款，只算是你们代我到工厂去买了一个，我想这样做在你们收支账上没有什么困难的。

还要几根尼龙丝的"子弦"线。

请找人把弹词过门"乱鸡啼"的琵琶谱写成简谱给我一份，过门只有一句，但我摸不着。写简谱时可写两种，一种是最简单的，一种是略较复杂的。

听说周云瑞得了肺病，不知好些否，便中请代我问候他。专此，即致

敬礼！

陈　云

六六年一月卅日

给吴宗锡的信

（一九六六年四月二十五日）

宗锡同志：

代买的琵琶和乱鸡啼过门的记谱都很合适，谢谢。

上次你送来一圈普通子弦，用后非但音色好，而且七十天来指甲不破了。原已裂了一半的中指甲，也因不再破裂而长好了。三年来大指、食指指甲从未完好过两个星期，现在这个问题可能解决了。现在把上次送来的尼龙子弦退还你（我留下三公尺），请你代我买几圈普通子弦，粗细就照上次送我的那种，特剪了两三寸作样子，放在装尼龙子弦的纸袋内。弦价请告我，以便来取时带钱给你。普通子弦的唯一缺点就是不耐用，两星期要断一次，但能保指甲不常裂，实在可取。

这几年创作的新开篇，你们认为较好的请开一个单子，以便选些复制。

上海几个集体所有制的评弹团，目前买〔卖〕座率已否提高，能否维持开支？便中望告。

敬礼！

陈　云

六六年四月廿五日

记录弹词开篇、选曲手迹及释文

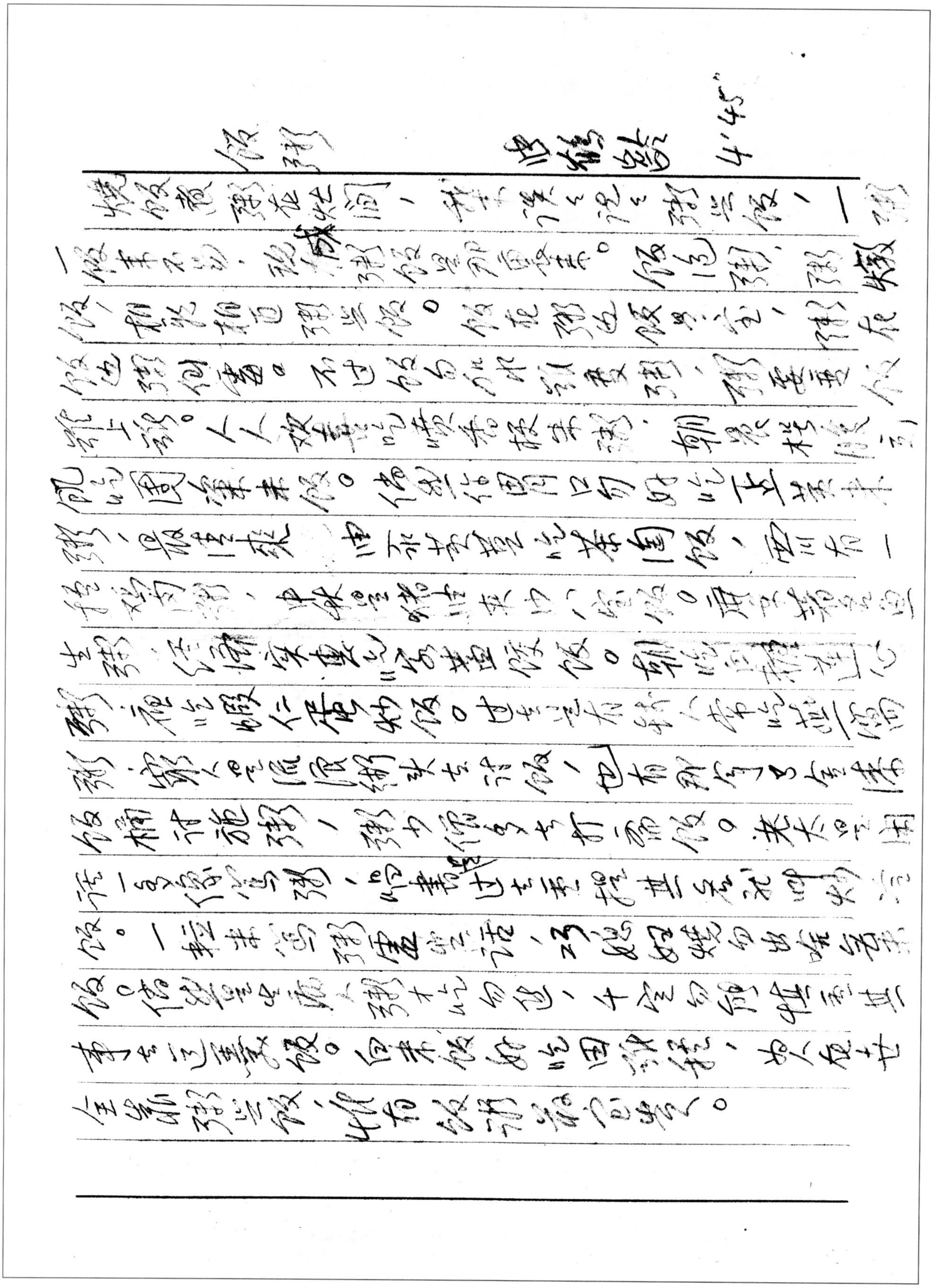

饭 粥

张鹤龄 4'45"

　　烧饭煮粥在灶间，我来谈谈说说粥与饭。一粥一饭来不易，现成粥饭是哪里来。饭泡粥，粥炖饭，相亲相近粥与饭。饭在粥边饭是宝，粥在饭边粥倒霉。不过饭勿加水难变粥，粥要变饭难上难。人人欢喜吃喷香梗米粥，朝晨枵腹充饥吃团粢米饭。倘然你胃口勿好吃一点黄米粥，最清爽油氽黄豆吃茶淘饭，西川有一种鸡肉粥，中秋是猪油夹沙八宝饭。广东著名鱼生粥，经济实惠吃客盖浇饭。朝吃白糖莲心粥，夜吃虾仁蛋炒饭。过去是有钱人常吃燕窝粥，穷人是流浪街头去讨饭，也有那拿了金漆饭桶讨施粥，粥少僧多去打斋饭。老太是闲话一多像笃粥，唱书是过去重提其名就叫炒冷饭。一粒米笃粥虚空话，巧媳妇烧勿出啥无米饭。倘然是生病人粥才吃勿进，千定勿能慎重其事去送羹饭。白米饭好吃田难种，为人在世全靠粥与饭，惟有饭粥最宝贵。

秋思（嵌唐诗）　徐丽仙唱

银蟾秋光冷画屏，晓天入水夜云轻，雁声远过潇湘去。
十三楼中月自明。

（佳人是）独对寒窗思往事，但见泪痕湿夜襟。（雪泥）

（吾亭）相对情无限，今作寒灯对影人。

（谁知你）一去从此音书绝，（可怜我）相思三更频梦

君。

翘首望君烟水阔，只见浮云结日行。（但不知）何日欢

笑情又回，重温良人昨夜情。

捲帷独川空长叹，发河断落晓星沉。

（可怜我）泪尽罗巾梦难成。

秋思（嵌唐诗）

徐文萍 唱

银烛秋光冷画屏，碧天如水夜云轻。雁声远过潇湘去，十二楼中月自明。

（佳人是）独对寒窗思往事，但见泪痕湿衣襟。（曾记得）长亭相对情无限，今作寒灯独夜人。

（谁知你）一去岭外音书绝，（可怜我）相思三更频梦君。

翘首望君烟水阔，只见浮云终日行。（但不知）何日欢笑情如旧，重温良人昨夜情。

卷帷望月空长叹，长河渐落晓星沉；

（可怜我）泪尽罗巾梦难成。

霍定金私吊

祁调[1] 徐文萍 唱

　　可怜哭急叫一声夫，咽喉噎住口含糊。先叫哥，慢哭夫，人家道我哭姑父，幸亏那"哥""夫"两字差不多。哥哥啊！曾记得那年桃月初三会，与君家得见在后园圃。君为奴，一百多天疏孝意；君为奴，愿作低三下四奴。君为奴，流落异乡书僮伴，为奴奴牢内受灾磨，可怜你无多几日命呜呼。苦则苦，文家断绝千年火；悲则悲，奴千里而来妻吊夫。还不知，奴命薄来君命苦；还不知，奴害君来君害奴。想我终日思夫千万遍，哪晓望断长安音信无。

注　释

　　① 祁调，指评弹演员祁莲芳所创的流派唱腔。

三挡杨虎　　　　　　王再香唱

如比苦情利剑刺胸膛，刺痛了心头我的割舍伤。怎浮

她处思变，痛煞她心又慌，无由自主泪盈眶，抖手雪飘击了女儿

腔。被他一言道破伤心事，回忆而情歌断肠。记浮如今挑回初

三旦，我把心事一览倾心情意表，他为我贵身投养延内情，我俩楼房。

候吐话衷肠，我把付话给日在楼房。我一一论眼慷睿心切之，巴

巴马地倒新娘。但颜天才地久永成双，我的痴心一片为文郎。谁知

好事多磨折，我把壶子老心我为把郎，我是无可奈，女儿自苦抬

男克相，乔装成松出内情，抛撇壶中金与娘，想我把经

目心思鸳，我吧又姓拍穿破抛拐关有大福映，我把痴

心活为女郎，想我更看思代天心，出都那邦为父亲，到临阳，

而醉幸差心风霜，但颜浮相会诉一诉别离肠，我的痴

心所为心即。谁知晚，晴空霹霳矗天表折，天见皮身

运走。我闻听噩讯心头慌，好比刺我的心肝断我的肠，我的癫仙一片为良郎。今日理周信心头悲，君信了谗腾伤，为报夫仇息冤枉，我要立折仇人龙太堂，些而我继些杀尽这真光手，我的又见诛以再还阳，人间无法再凤书凤，我仰一世绝匈已倒茫，我还要向什么安书坐坟合堂，我明书一死悲苦常。又见啊！你魂若有知你丰引领我，但愿阴曹地府你再成双，搂到你心思不住，魂飞忧忽魄漂零，眼前一片白茫茫，这女世搂哭倒在大堂。

（根据录音猜记的唱词）

三斩杨虎

王再香 唱

好比无情利剑刺胸膛，刺痛了心头我的制〔致〕命伤。急得她庞儿变，痛得她心又慌，不由自主泪盈眶，几乎露出了女儿腔。被他一言点破伤心事，回忆前情欲断肠。记得去年桃月初三日，我就与文兄一见倾心情意长，他为我卖身投靠进门墙，我们楼头倾吐话衷肠，我就付托终日〔身〕在楼房，我是望眼将穿心切切，巴巴只望做新娘，但愿天长地久永成双，我的痴心一片为文郎。谁知好事多磨折，我的堂前二老与我另配郎，我是无可奈，女儿扮作男儿样，乔装改扮出门墙，抛撇堂上爹与娘，想我是终日心惊胆又慌，我是又恐怕穿破机关有大祸殃，我的痴心一片为文郎。想我此番是代天巡，出都邦，为文君，到洛阳，不辞辛苦与风霜，但愿得相会诉一诉别离肠，我的痴心一片为文郎。谁知晓，晴空霹雳天来打，文兄寿讫身已亡。我闻听凶讯心头慌，好比刺我的心肝断我的肠，我的痴心一片为文郎。今日里我压住心头悲，忍住了满腹伤，为报夫仇息冤枉，我要立斩仇人在大堂，然而我纵然杀尽这真凶手，我的文兄难以再还阳，人间无法再凤求凰，我的一世终身已渺茫，我还要问什么案子坐什么堂，我唯求一死赴无常。文兄啊！你魂若有知你来引领我，但愿阴曹地府与你再成双，想到伤心忍不住，魂飞恍忽魄漂〔飘〕旁，眼前一片白茫茫，这女巡按哭倒在大堂。

（根据录音猜记的字句）

第二部分
1977–1995

交往纪事

1977年

5月16日

在杭州同毕康年①、邵小华等谈话，了解苏州市评弹团的人员、书目、演出、经济等各方面的情况，特别问到评弹演员徐云志、周玉泉、魏含英、谢汉庭、薛君亚、庞学庭、王月香、薛小飞、林慧娟、张君谋、陈瑞麟等人的近况。说：这次想请你们演出两场，50分钟一场，一回弹词，一回评话，听听你们青年演员的水平。我是苏州评弹学校的"名誉校长"，当时学校是我建议创办的。

5月17日

在杭州观看苏州市评弹团演出的开篇《蝶恋花》和短篇弹词《工地探亲》。演出结束后同演员交谈，鼓励大家说：演得不错，可以卖票。现在评弹有点话剧化，要注意发挥评弹的特点，内心的表白要多一点。19日，再次观看苏州市评弹团演出的开篇《我的名字叫解放军》和短篇评话《大寨人斗江青》等。

5月26日、27日

在杭州同评弹演员赵开生谈话，了解评弹界在"文化大革命"中的情形，特别是老艺人的处境，以及听众对现在演出的节目有什么意见，等等。在回答传统书以后怎么办时说：你还是搞你的评弹艺术。对传统书以后会给它应有的地位和正确的评价。

5月31日

写信给赵开生。在答复赵提出的可否在学馆中教些唱腔如《战长沙》、《木兰辞》的问题时说：我考虑了两天，认为可以在学馆中教些老艺人的唱腔。因为一个弹词艺人，总要用口唱，要唱总得唱出声音，不学别人的，他自己也会有唱腔，那为什么不能让他们学习老艺人已经创造的唱腔呢？不仅要学蒋月泉、徐丽仙的，还可以学别的艺人的。

5月底

在杭州同施振眉谈话，了解评弹界的状况特别是艺人的近况。当谈到"文化大革命"中评弹"大改革"时说：我1975年到过上海，在收音机里听到评弹，那不像评弹，叫"评歌"、"评戏"，连忙关了收音机。听赵开生说，"大改革"还在台上翻跟头、豁虎跳，这还叫评弹啊？

6月1日、2日

在杭州大华饭店观看浙江省曲艺团演出的中篇弹词《李双双》。演出结束后同演员座谈，称赞这部新书的编演是成功的。指出：说新书的方向无论如何是对的。现在新的书目是少了点，慢慢来，可以先编些短篇，再发展为中篇，合起来成为长篇。那么，有人会问老的书以后还说不说啊？过去的东西、旧的东西将来可能还要出现，不过出现的形式不能像过去那样的了。我想往后即便听老书，就好比我们到博物馆里去看古董。我看过《四库全书》，是1923年看到的。据说全国只抄了七部，你们浙江有一部，沈阳有一部。我在沈阳军管会时，有人要我出个布告，保护这部书，我是出了个布告的。前天，我看了5月28日下午版《参考资料》上刊登的《朝日新闻》记者写的一篇述

---

① 毕康年，时为苏州市评弹团演员，后曾任苏州评弹团团长、苏州评弹学校校长等职。

评，题目是《中国推进文艺的百花齐放》。我读一段给你们听听："引人注目的是，在百花齐放的号召下，也在尝试对古老的京剧剧目给予重新评价。文化大革命以来，清一色的革命现代京剧取代了旧京剧，然而群众对旧剧舞台和台词的怀念却仍然根深蒂固。因此，据传说，今后的方针是一方面增加现代京剧的数量，另一方面也'恢复'一部分内容并不陈腐的旧京剧剧目。"这个记者看出我们在粉碎"四人帮"以后，文艺上要贯彻执行毛主席的"百花齐放"方针。今后，我们要大力编演新书，因为反映现实斗争的是新书，但不能排除在将来条件具备时，从传统书目中选择一些短篇、中篇上演。历史上的东西是不能抹杀的。（演员插话：这次首都纪念毛主席《在延安文艺座谈会上的讲话》发表35周年，演了《逼上梁山》选场。）在延安时不光是演《逼上梁山》，还有《打渔杀家》。评弹中有些老书，将来有朝一日是可以考虑整理演出的，如《求雨》、《厅堂夺子》，都是暴露封建社会的。那么，评弹中的老曲调怎么办？赵开生告诉我，你们的《李双双》中就有俞调，我说倒要听听看。听了以后，是俞调，只是你们改进了，改得是可以的。现在你们的演出在城镇书场，我说一定要加上农村书场。到农村去说书，是个大方向。我国现在八亿人口，城镇一亿四，农村是六亿六。你们知道四个现代化吗？四个现代化，就是农业、工业、国防和科学技术现代化。农业放在前面是有道理的，首先为的是要解决吃饭问题。正像你们《一粒米》唱的"吃饭是桩大事

体"。农业发展到一定程度要工业支援，工业支援的前提还是吃饭第一。你们杭州发多少布票？（答：一丈六尺五。）是因为棉花问题。土地要种粮食，不能多种棉花。现在八亿人口，靠15亿亩土地，不容易啊！粮食问题要解决，怎么解决？还是要靠自己啊！我们想了个办法，叫"南水北调"，就是"南粮北调"。有了水，北方的土地好灌溉，粮食才能丰收。你们说书为谁服务呢？这是明摆着的。从解放前到现在，评弹实际上都在城镇书场说书，还没有农村书场。今后要城镇书场加农村书场。开头可以九比一，慢慢地八比二，再下去三七开、四六开，逐步到对半开。这是件复杂的工作，农村哪来那么多书场啊？这一点不要你们担心，只要你们下去，群众要听，他们会有办法的。到农村去说书，要了解农民的生活。现在城市平均工资是60元，上海是70元。在苏州农村，农民一年劳动所得是65元，可见农村生活水平是很低的。你们到农村去，票价要低一点。到农村说《李双双》，肯定比在城镇书场效果好。当然，你们也有个生活适应的过程，相信你们是能够适应的。评弹的乐器要改革，但改得过头了就不合理。现在你们的琵琶，都改用钢丝弦了。音太响，太刺耳。改用这种弦，我很反感。我在考虑一个问题，就是怎样延长演员的演出年限，也就是延长演员的艺术生命。乐器的改革要适应艺人的生理条件，否则会损害演员的艺术生命。演唱音调的高低，演员要根据自己的喉咙，发挥自己的特长，不要一味地、一个劲地提高调门。唱高调你们吃不消，听

众也吃不消。总之，评弹要有改革，但评弹还应该是评弹。现在说书表演的成份多了。从前讲听书，就是听你说表弹唱。现在，不但要听，还要看，听众很吃力！据说在改革过程中，在书台上曾有翻跟头、豁虎跳的，这是戏呀，哪里是说书！闹得有点不像样。说新书比从前要有些表演成份，演的成份有发展，使角色形象化是必要的，但不要多，多了不行。评弹不等于话剧。评弹要改革，但还应该是评弹。"文化大革命"中，有人说是我提倡评弹放噱头的。现在，我仍然认为评弹要有噱头。我听过张如君、刘韵若说《李双双》中《补苗》一回书，这回书里就有噱头。周玉泉在书里放噱头，话不多，一二句，说得很风趣。总之，噱头要有，噱头多了不好。说书总得说得风趣些。评弹书目的创作，主要不是靠陈灵犀他们，首先要靠评弹艺人。因为他们在实践中有经验，懂得怎样把书说好。评弹书目的创作要搞演员、创作人员、顾问三结合。

6月7日、9日

在杭州观看浙江省曲艺团汪雄飞演出的长篇评话《林海雪原》中的《打虎进山》和《真假胡彪》两回书。在回答汪雄飞提出的《真假胡彪》能不能演的问题时说：我看是可以演的，无非是夸张嘛。艺术应该允许夸张，没有虚构和夸张就不成其为艺术了。要把长篇评话《林海雪原》恢复起来，现在小说已经重新出版了嘛，你们要有信心，搞好了到农村去演出。我相信贫下中农一定是很欢迎的。找个时间同你们谈谈《林海雪原》的历史背景。当见到汪雄飞穿了中山装，天气热、出汗多时说：下次不要穿中山装，穿衬衫就行了，说书又不是唱戏，非要穿行头不可。

6月10日

在杭州同施振眉谈话。说：到杭州后，做了点调查研究，心中有点数了，对今后的评弹工作有一些想法，开个座谈会吧。我来请几个人，还要同文化部打个招呼。

6月11日、12日

在杭州观看无锡市评弹团演出的中篇弹词《黎明之前》。听完书后同演员座谈。说："四人帮"将评弹搞成"评歌"、"评戏"，起杨子荣角色，穿皮袄上台，反面角色要翻跟头。我笑痛了肚皮！这还算什么评弹？现在你们九个人演一个中篇，每人一个角色，是否可以一人起几个角色？评弹很少反映工业题材。作品粗糙不要紧，纺纱也是从粗纱到细纱的。男演员可以不化妆，女演员化一点淡妆。

6月13日

撰写《对当前评弹工作的几点意见》。指出：（一）团结起来，揭批"四人帮"。"四人帮"破坏了为江南人民喜闻乐见的评弹的固有特色。评弹界目前的不团结现象也都是"四人帮"的流毒和影响所造成的。评弹工作者要团结起来，深入揭批"四人帮"，在社会主义革命和社会主义建设中作出贡献。（二）评弹应该不断改革、发展，但仍然应该是评弹。评弹艺术的特点不能丢掉。（三）说新书。要反映现实斗争，说好现代题材的新书。这是时代的需要，革命的需要。当然，也不排除在若干年后利用评弹

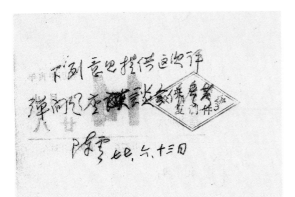

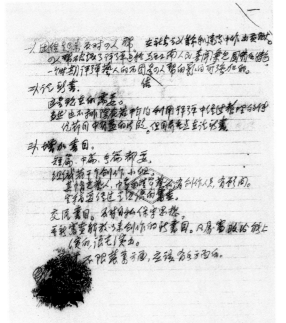

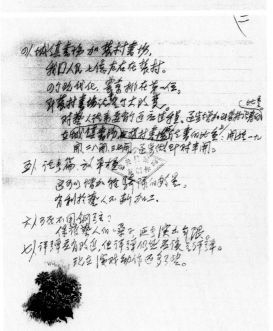

陈云同志对当前评弹工作的几点意见

一九七七年六月十三日

（一）团结起来，揭批"四人帮"。

"四人帮"破坏了为江南人民喜闻乐见的评弹的固有特色。评弹界的不团结现象也都是"四人帮"的流毒和影响所造成的。

评弹工作者要团结起来，深入揭批"四人帮"，在社会主义革命和社会主义建设中作出贡献。

（二）评弹应该不断改革、发展，但评弹仍然应该是评弹。评弹艺术的特点不能丢掉。

（三）说新书。

反映现实斗争，反映阶级斗争、生产斗争和科学实验三大革命运动，说好现代题材的新书，这是时代的需要，革命的需要。

当然，也不排除在若干年后利用评弹传统节目中经过整理的有益的片段，但目前应该积极努力坚持说好新书。

·1·

1977年6月13日，陈云撰写的《对当前评弹工作的几点意见》手迹、铅印件。

传统节目中经过整理的有益的片段，但目前应该积极努力，坚持说好新书。（四）繁荣创作，积累书目。短篇、中篇、长篇都要。题材应该多种多样。可以组织若干三结合的创作小组。其中，有老艺人，中年和青年艺人，有创作人员，有顾问。要交流书目及创作经验，反对自私保守思想。重新审查解放以来创作（包括改编）的新书目。凡审改后适宜于当前演唱的，都让它们上演。（五）城镇书场和农村书场。我国人民大多数是农村人口。农业是整个国民经济的基础。四个现代化，农业排在第一位。评弹应该逐步增加到农村去说书的比重。面向农村，到农村说书，对艺人来说要有个适应过程，这也是一个学习、改造、锻炼的过程。（六）说长篇，放单档。这可以发挥轻骑队的特点，有利于加强实践，积累经验，提高艺术，并对书目不断丰富、加工。说长篇，也可以说中篇、短篇。放单档，也可以放双档、三个档。（七）琵琶不要用钢丝弦。用了钢丝弦，音太响，太刺耳。不用钢丝弦，有利于保护艺人的嗓子，延长艺术生命。

6月15日至17日

征得文化部同意，在杭州主持召开评弹座谈会，并发表讲话。说：在杭州听了一些评弹，做了点调查，有点数了。想了一想，有几点意见，开个座谈会吧！首先，评弹要像评弹的样子。可以有所改进，但不要像张春桥那样的"大改革"，改掉评弹的特色。1975年我到了上海，在收音机里听到评弹，已改得不成其为评弹了，很扫兴。打倒"四人帮"八个月来，评弹回到了自弹自唱，基本上像评弹了。你们学习了毛主席《在延安文艺座谈会上的讲话》吧！文艺是意识形态的东西，要为经济基础服务，要为人民服务，为社会主义服务。传统书目里也有可以利用的东西。我们从地底下发掘出来的几千年前的东西还要拿到外国去展览，博物馆还要开放，为什么到一定时期不可以把一些没有问题的、能起作用的传统书目拿出来演一演呢？不是全部，而是一部分，"古为今用"嘛。但是现在要说新书，这是时代的需要。关于书场问题，要城镇书场加农村书场。评弹比戏剧容易下乡，去农村说书要作为一个方向，演出的比重可以逐步增加，一九开、二八开、三七开、对半开。艺人能否适应？农民能否出钱？钱要收一点，但不能多收。生活会有所改变，有一个适应过程。告诉大家，这是真正为人民服务，评弹艺人是革命的文艺工作者。书场要改善经营管理，关心艺人的吃住问题。现在书目太少，书目要公开。解放后搞的新书，整理后能演的，继续演出。要组织若干创作小组，分好工。开始先搞一回书，逐步变成中篇、长篇。噱头还是要。我问赵开生，评弹艺人对我有什么意见。他客气，只说"对你的意见是最近书听得少了"。我是知道的，有人说我喜欢噱头，主张要噱头。我认为噱头还是要，但不能太多。周玉泉是"阴功"①，说龙官保②在雨里头踱方步，人家叫他走得快些，他说前面也在落雨，何必走得快呢？这噱头很好。刘天韵也是个好角色，《求雨》里有许多好的口语、歇后语等。好的语言不要丢掉。钢丝弦不好，对艺人嗓子有影响。周云瑞对我说过，伴奏声音不要高，否则演员嗓音要搞坏的。"四人帮"那时搞高音，只有几个人能唱得上去。赵开生告诉我，余红仙唱倒在沙发上，叫"唱煞余红仙"。"一人多角"的提法还不够全面。不仅多角，而且艺人还可以代问代答。上海评弹团的中篇《西厢记》的录音，我还保存着，是张维桢、沈伟辰、孙淑英他们说的，里面的很多说表，是代表听众提问，再由艺人答复，这就是表的特长。有一次，于会泳、徐

---

① "阴功"，指以不慌不忙、娓娓道来为特色的评弹表演。

② 龙官保，是弹词传统长篇《文武香球》中的男主角。

景贤在上海听书，说有点"回潮"①，演员就怕了。照这样说，我今天说的都是"回潮"。我看"精干毕剥"、"刮拉松脆"，一点也不"回潮"。参加座谈会的，有文化部王正春，浙江省文化局张育品、施振眉，苏州市文化局周良，上海评弹团吴宗锡，无锡市评弹团尤惠秋。

评 弹 座 谈 会 纪 要

由陈云同志提议，经文化部同意，于一九七七年六月十五日至十七日，在杭州举行了评弹座谈会。参加会议的有王正春（文化部）、张育品、施振眉（浙江省文化局）、周良（苏州市文化局）、吴宗锡（上海市人民评弹团）、尤惠秋（无锡市评弹队）等同志。

会前，陈云同志写了书面意见：《对当前评弹工作的几点意见》。又参加了会议并多次讲了话。

到会同志，一致认为在粉碎"四人帮"八个月后举行的这次座谈会，对评弹改革，是一次重要的会议。使到会同志受到教育和鼓舞，增强了搞好评弹工作的信心和决心。

一、长期以来，陈云同志非常关心评弹工作。最近，陈云同志对评弹工作又进行了调查研究。到会同志一致认为，陈云同志的意见，对评弹工作在落实英明领袖华主席和党中央提出的抓纲治国的战略决策的新的历史时期中，

· 1 ·

1977年6月15日至17日，陈云在杭州主持召开评弹座谈会。这是会后整理的《评弹座谈会纪要》铅印件。

6月19日

在杭州同评弹座谈会的部分与会人员王正春、周良、吴宗锡谈话。说：成绩跑不了，不要吹法螺。《评弹座谈会纪要》这个文件要搞得朴素些，只要写上"这次会议是重要的"就可以了。会议起什么作用，过两年看，可以让人家来说。实事求是，这是党的传统做法。新书粗糙一点不要紧。对新的东西要鼓鼓掌，撑撑腰。要加强对评弹理论的研究。评弹究竟来自人民群众，还是来自士大夫？我看，评弹主要是来自人民群众。有人对我讲，评弹和川剧文学价值高，那是因为苏州、四川都有一批清闲文人，帮助进行加工。我看，这说法有道理。再有，那里的茶馆多。茶馆过去叫"百口衙门"，在那里讲道理，评是非。群众喝茶，讲新闻，谈"山海经"，语言丰富、生动。评弹艺人是从这个基础上提炼、丰富的。我从小就听书，先是跟舅舅去听，听上瘾了。后来要干革命，很多年没有听。1957年、1959年先后两次到南方养病，听听评弹，觉得对养病有好处，这样又重新听了。1963年我对文化部齐燕铭说，可以花点钱，把所有老艺人说的传统书目都录下来。他也同意了，但没有来得及做，"文化大革命"了，很可惜。现在我还保存一些录音。有一些录音，在"文化大革命"中差一点销掉，很危险。演唱中篇的人要减少。书目要在演出中不断丰富加工。要说好新书，应该知道有关的背景材料。比如搞四个现代化，农业放在第一位，是因为农业不过关，工业就跑不快。过去几次工业下马，都是农业扯后腿。农业问题，主要是粮食问题。粮食稳住了，其他都能稳住。粮食一涨价，其他都要涨。

---

① "文化大革命"中，"四人帮"诬称评弹是"靡靡之音"，当时凡能体现评弹特色的演出都被批判为"资本主义回潮"。

6月20日

参观杭州吴山书场、新艺书场，同正在那里演出的评弹演员交谈。当见到演员中有苏州评弹学校的毕业生时说：我是你们的"名誉校长"。评弹学校一定要办起来，一定要办好。现在看来，那个学校是起了作用的。在新艺书场听杭州市曲艺团吴迪君、郑缨演唱的弹词《红岩·三试华子良》上半回。23日，继续听《红岩·三试华子良》下半回，还观看了苏州市评弹团陈毓麟、林慧娟的演出。

6月22日

在杭州同王正春、吴宗锡、周良、施振眉谈话。说：要经常对评弹艺人进行教育。说新书，就要让艺人看报纸，看《参考消息》，了解国家大事和世界形势。否则，不了解大局，说新书是不能说好的。评弹艺人都要学习毛主席的《在延安文艺座谈会上的讲话》，还要学一点马列著作。"文化大革命"期间，我就看书。从1967年7月20日起，戚本禹这些人搞的，连《参考资料》、《参考消息》也不给看。我说好，就读《资本论》，读马列原著。这样自学了几年。评弹"一人多角"的提法，虽然不全面，但还是可以提，因为那是针对"四人帮"的"一人一角"提出的。

6月24日

在杭州同施振眉、汪雄飞、蒋希均谈小说《林海雪原》的历史背景。在看了长篇评话《林海雪原》12回书目后说：首先，要懂得东北为什么会出现座山雕这样的惯匪。其次，要知道是由于苏联红军出兵东北，打败了日本关东军。其三，东北局作出"七七决定"，提出土改、剿匪、解放战争三大任务，其中以土改为中心。其四，11年的任务要在三年中一起完成。八年抗日战争，八路军、新四军打得很艰苦，但是有了根据地。东北没有根据地，就要补课，要在三年解放战争中一起完成。那时，全国力量支援了东北。三年以后，东北成了全国战略决战的突破口。

7月5日

在上海西郊宾馆同吴宗锡谈话，主要了解评弹座谈会传达后的反映，并提出要组织评弹晚会，向上海市委领导同志介绍评弹。

7月7日

出席在上海锦江饭店小礼堂举行的评弹晚会，邀请上海市领导同志彭冲、林乎加、陈锦华等参加。8日、10日、12日在西郊宾馆三次观看上海评弹团的演出。期间，同李太成、吴宗锡以及评弹演员蒋月泉、徐云志、张鸿声、朱介生、张鉴庭、张如君、刘韵若等交谈。说：要恢复评弹在文艺界的地位。评弹过去主要在大城市，到农村演出要有一个适应过程。杭州谈的是一个方向，今后要逐步做到。评弹也要下厂。评弹比较方便，带弦子、琵琶就可以了。人民需要文娱生活。搞长篇，年老的精力不够。年纪太轻的，演出经验又不够。要找40岁上下的骨干力量为主力，像赵开生、龚华声这些人。演员的艺术生命一般在40年左右，他们正是精力旺盛时期。组织说长篇是不容易的。过去先要从小码头磨出来，像夏荷生他们那样。所谓长篇能有10回到15回就可以了。目前书场太少，要解决吃住问题。告诉赵开生，他要《青春之歌》的背景材料，我介绍他看萧军的《八月的乡村》、溥仪的《我的前半生》，还有鲁迅批判不抵抗主义的杂文。当蒋月泉与刘韵若拼档演唱《夜访陈友才》结束后，对蒋月泉高兴地说：我今年是徐上珍的年龄①。

11月4日

写信给何占春。说：8月10日信早收到。时常想到复信，但时常又忘了，昨晚特别记住今天要复你一信。6月15日至17日在杭州开了一次评弹座谈会，材料、照片宗锡同志处都有，你有兴趣可以找他给你看看。上海台保存老艺人的节目不少，就是徐云志的只有两回书，徐不久前患脑溢血。

11月5日

写信给李太成。说：9月14日上海文化局党委会给我的信收到，同意信上所说的意见。特简复两点：一、同意你们有计划地将一些老艺人的书目、艺术经验，加以录音、记录，否则确有失传的可能。前几年毛主席把传统京剧用电影摄制了40多部，目的也是怕失传。上海电台保存的书目不少，再有计划地录制一批，大概花钱不多了。二、我赞成挑选一部分对当前搞长篇及艺术教育有借鉴作用的书目，进行翻录。

11月5日

写信给吴宗锡。说：既然领导上要你把评弹团的担子挑起来，你就挑起来干吧！明年到上海时听你们的书。

1978年

1月13日

写信给周良。说：评弹艺人的待遇问题，因为牵涉到本地各个团体的种种特殊情况，只能由当地党政领导机关作出决定，我不能提什么意见。

6月26日

前往文化部招待所看望病中的评弹演员徐丽仙。这时徐丽仙身体十分虚弱，但她一定要唱四句自己谱曲的叶剑英《八十书怀》。当知道徐丽仙回上海后想开个告别演唱会后说：你要以治病养病为主，身体好了以后还可以唱。工作重要，但是身体更重要，保养好身体将来才能做更多的工作。

7月8日

写信给吴宗锡。说：看了新华社南京分社报导的江苏全省评弹团在苏州会演的消息，除说了粉碎"四人帮"后评弹有进展外，还说了目前存在的困难问题。其中有：书目太少，书场不足，过去下放农村的演员仍未归队。另外，中央宣传部已批准文化部上演41个传统京剧的剧目。请你考虑一下，评弹是否也可以把一些传统题材中较好的回目经过审查批准后上演。这样既可解决书太少的困难，也可让一些老艺人登台。现代题材的书，当然应该占主导地位，这一点仍须肯定。但是，上演传统题材的回目，比我去年在杭州所预料的时间要早得多，也可以早一些。当时我是希望集中精力搞出若干部新

---

① 蒋月泉演唱的弹词《玉蜻蜓·厅堂夺子》，说徐上珍是73岁。

书，防止艺人左顾右盼，心神不定。那时这样说，是有一定的原因的。目前仍然应该让较有经验而精力充沛的中年艺人，集中力量说好几部现代题材的书。上演传统书的路有三条。第一条路是上演虽不连贯但内容较好的回目，这条路可能较快，因为这些是能放心演出的，而且绝大多数书中都有这样较好的回目，说几回可以救书目太少的"急"。第二条路是连贯地说三五回或十回左右的书目。第三条路是加工几个中篇，但并不是每个评弹团都有这种创作、加工力量的，看来困难些。

7月22日

写信给吴宗锡。指出：说新书仍然是我们必须坚持的方针，即使开放一些传统书的分回，也仍要以说新书为主。同时又要看到，将来多演出一些传统书的分回，包括若干长篇片段，也是必须的。闭目不理有几百年历史的传统书，是一种历史虚无主义。只有既说新书，又努力保存传统书的优秀部分，才是百花齐放。传统书分回演出时，要求应该严一些，这样才符合保存传统书优秀部分的目的。但排演时应该宽一些，说演出五个分回，排演时可准备50个分回，这也不算多。当然不一定真要50个分回，意思是说排演的要多于演出的。要说服有精力的中年艺人坚持创作新书，当然不排除有时他们也说些传统书。他们如能把长篇新书创作到十回，即使粗糙一些，对今后评弹的发展仍是很大的贡献。因为一部长篇要相当成熟，需要几代艺人的努力，但最大功绩应归于开始创作者。也要说服青年艺人不但要说新书，而且也要学说传统书的艺术功夫，有两套本领总比只有一套本领强。要肯定1964年说新书的功绩。虽然当时一刀切是不好的，但不那么强调，到1966年也逼不出现在述演出的几部新长篇。"文化大革命"中林彪、"四人帮"连新长篇也不让演出，那才是耽误了许多人的艺术青春。但也有一个结果，物极必反，使现在大家更深刻地认识到需要恢复传统书的优秀部分。解放以后，评弹的发展有这样四个阶段：一、以说传统书和新编历史题材书为主，略有新书。二、一刀切，都说新书。三、"四人帮"搞"评歌、评戏"，否定评弹艺术。四、现在到了以说新书为主，同时保存传统书优秀部分的百花齐放阶段。从辩证唯物论和历史唯物论的观点来看，这是合乎历史辩证法的。我从不看电视，为了研究如何处理评弹传统书问题，破例看了六出戏。《长坂坡》中的赵云、《杨门女将》中穆桂英的马童，在使弄长枪和翻跟头的基本功方面，十年来荒芜了很多。"基本功"要天天练这样道理，对我有了更深印象。上述意见，供你考虑。先与周良、施振眉当面谈一下，如果李太成同意，地点为上海为好，由你主持座谈一下，回顾过去的一年，回顾恢复上演41个京剧传统剧目后在评弹界出现的思想动态，附带把我这封信议论一下。

8月19日

写信给吴宗锡。说：我在几个月内负担不了召集一次评弹座谈会的劳累，请你们各自报文化局或省市委领导同志。

8月20日

写信给吴宗锡。指出：你8月8日来信说"我们觉得对优秀传统书目基本上要体现一个'放'的方针，相信广大艺人的觉悟，也准备出点问题。另一方面，还要加强行政管理及艺术评论工作"。我认为，你们是很谨慎的。但"放"字不要用，因为过去有过"放"的问题。可改为"既要谨慎，又要积极"，用这八个字比说"放"字较好。

9月25日

写信给吴宗锡，对国庆节拟上演两台传统书目表示同意。说：我于9月19日到杭州，吃睡都好，青浦人还是适应沪、杭、苏州一带的气候。这次我把自己的录音机和全部已录的胶带都带来了。

10月22日

在杭州观看常州市评弹团周希明、潘瑛演出的弹词《描金凤·求雨》。

11月8日

写信给吴宗锡，询问上海评弹团演员工资变动的问题。

11月24日

写信给何占春。说：今年5月25日中宣部批准41个传统京剧剧目演出后，我与吴宗锡通过几次信，其中7月22日信，我是经过考虑比较全面的一封信，有便时请到吴宗锡处看一看。此信已送文化部黄镇和曲协陶钝。我现在听录音一星期只能听两三次，每次一回书最长了。我还保存了一百七八十盘胶带，所以不必听新的录音了。如果到沪、苏、杭休息时，你把所录的新的中篇转录成我的旧录音机能听的胶带，给我听听。

1979年

1月

《曲艺》杂志在复刊后第一期"陈云同志谈评弹工作"的栏目下，发表了陈云1977年6月13日撰写的《对当前评弹工作的几点意见》和7月22日写给吴宗锡的信。

3月16日

写信给何占春。说：2月28日信收到。如果上海人民广播电台胶带宽裕，可以录一些评弹节目给我听，不久我将到南方休息，那时通知你如何送给我。

4月22日

写信给何占春。说：现在每天只能听半回书，而且不能常听。这一方面有身体上的原因，要使运动走路、看文件报纸、听录音三方面平稳；另一方面也有工作多些的原因。看来，现在新书遇到了问题，因为开了传统书，大家不愿听新书，这件事要好好想一下。戏剧、电影、其他曲艺都比"四人帮"时大不相同，过去禁止上演的现在都已上演。这也使评弹以说新书为主遇到了困难。戏剧、电影又与评弹不同。戏剧、电影每次一场，可演好多天，评弹每天要连续演出。这种情况使新书上座率很低，艺人说新书的情绪也低下来。我也没有想定办法。

4月30日

在杭州参加浙江省庆祝"五一"国际劳动节联欢活动。其中有浙江省曲艺团朱良欣、周剑英演唱的弹词开篇《新木兰辞》和《杜十娘》。

4月

在杭州会见上海评弹团赴香港演出团部

分演职人员。

5月7日

写信给何占春。说：第三批胶带暂缓送来，何时送来等我通知。

5月21日

写信给周良。说：目前硬性推广以说新书为主已不可能。我同意5月4日吴宗锡来信的意见，暂退一步，组织有毅力于说新书的中年、老年艺人合作，集中精力加工二三部新长篇。这个办法可能更现实些。

6月初

在上海同吴宗锡、何占春谈话，询问目前评弹界的情况。

11月27日

写信给周良。随信寄去为苏州评弹学校题写的校名。说：苏州是出过四五十个状元的地方，又是文人雅士聚居的所在，我的题字实在不能登大雅之堂。但是经你一再催促，评弹又是我喜爱的文艺，所以遵嘱写上六个字，寄上，不知可用否？

1979年11月27日，陈云应邀为苏州评弹学校题写校名。由于当时他还没有重新练习毛笔字，题词是用铅笔写的。图为1987年1月13日陈云用毛笔重新题写的校名。

设在苏州市三香路的苏州评弹学校原校址。

设在苏州市裕新路的苏州评弹学校新校址外景。

1980年

4月20日

在杭州观看上海评弹团杨振言、马小虹、余红仙、张振华演出的开篇《颠倒古人》、弹词《描金凤·劫法场》等。演出结束后，同大家交谈。对杨振言说，我这里有你父亲杨斌奎说《描金凤》的14回书的录音。问大家来杭州演出业务情况怎样？回答说：天天客满的，因为都是响档。但就整个评弹界来说，上座率下降，有的只好提前剪书。

4月26日

在杭州同施振眉谈话，询问粉碎"四人帮"以来评弹界的变化情况。说：评弹不上座，看来是从去年下半年开始的。要让大家找一找原因。

4月28日

在杭州观看杨振言、余红仙演出的开篇《拷红》和弹词《描金凤·大闹德贤堂》。

5月1日

在杭州参加浙江省庆祝"五一"国际劳动节联欢活动。其中有江苏省曲艺团侯莉君、唐文莉和上海评弹团陈希安、薛惠君演出的评弹节目。陪同观看演出的其他领导同志有胡乔木、铁瑛、陈作霖、李丰平等。

5月上旬

在杭州观看上海评弹团姚荫梅演出的弹词《双按院·智释马山》。演出结束后同姚荫梅交谈，说：现在评弹事业青黄不接，要抓紧培养接班人。脚本要保存好，可以传给下一代。不过，演出仅靠脚本是远远不够的。现在有了录音，听录音学说书比单读脚本要好。学生跟教师边听边学更好。当姚荫梅说到今后唱《啼笑因缘》如果缺少脚本，要到老首长处来抄，因为你有全部录音时说：那时我只用一盘磁带，录了听，听了抹去，然后再录，最后只留下了一回书。

1981年

1月10日

写信给吴宗锡。说：莫干山年会简报全部看过。出书出人是件难事。关于国家所有制评弹团可否进行一些体制改革，这个意见是好的，不知你对改革有何具体意见？我4月

前后将来沪杭一带休息，那时可以面谈。

4月5日

在上海同吴宗锡谈话。指出：对于你们来说，出人、出书、走正路，保存和发展评弹艺术，这是第一位的，钱的问题是第二位的。出人，不一定要求一下子出十几个，能先出三五个人就很好，逐步提高、增加。过去，艺人大都是千方百计钻研艺术的。艺术必须靠自己集中心力去钻，勤奋出人才，同时还要有竞争。如何出书？可以根据小说、电影、话剧等改编成新弹词。改编不能只讲书情，还要组织"关子"。对原著要进行改组，把"关子"安排好。为了组织"关子"，必要时可以把原著前后的情节移动、变换。组织好了"关子"，才能吸引人。不要让青年就评弹，而要让评弹就青年。就青年，不停顿于迁就，要逐步提高他们。在就青年中去锻炼，出人才，出艺术。编说新书要靠有演出经验的艺人，艺术上要有所改进，老的一套也要有所改变。但不要歪门邪道，要走正路。当然歪门邪道中如有某些可以利用的东西，经过改造，也可以吸收过来。我们要以正派的评弹艺术打掉艺术上的歪风邪气，引导和提高听众，才能保存和发展评弹艺术。要保持主力，保存书艺，提高书艺。出人、出书、走正路，评弹是可以振兴的。《曲艺》杂志1982年第1期，以《陈云同志对当前评弹工作的一些意见》为题，刊登了这次谈话。

5月1日

在杭州参加浙江省庆祝"五一"国际劳

105

出人、出书、走正路*

（一九八一年四月五日）

对于你们来说，出人、出书、走正路，保存和发展评弹艺术，这是第一位的，钱的问题是第二位的。

走正路，才能保存和发展评弹艺术。要以正派的评弹艺术，打掉艺术上的那些歪风邪气。

要出人，出书。出人，不一定要求一下子出十几个，能先出三五个人就很好，逐步提高、增加。过去，艺人大都是千方百计钻研艺术的。艺术必须靠自己集中心力去钻，勤奋出人才，同时还要有竞争。

可以根据小说、电影、话剧等改编成新弹词。我很同意邱肖鹏①的意见，改编不能只讲书情②，还要组织"关子"。对原著要进行改组，把"关子"安排好。为了组织"关子"，必要时，可以把原著前后的情节移动、变换。组织好了"关子"，才能吸引人。

———————————

* 这是陈云同志同上海评弹团负责同志的谈话。

1981年4月5日，陈云同吴宗锡谈话，提出"出人、出书、走正路，评弹是可以振兴的"这一重要指导思想。左图为1983年12月中国曲艺出版社出版的《陈云同志关于评弹的谈话和通信》一书中选收的这次谈话整理稿。右图为1986年3月陈云为全国曲艺新节目汇演的题词"出人出书走正路"。

动节联欢活动。观看上海和浙江的评弹演员蒋云仙、孙纪庭、周映红演出的弹词《啼笑因缘·秀姑定计》等节目。陪同观看演出的其他领导同志有姚依林、铁瑛、王鹤寿、李丰平等。

5月10日

在杭州同施振眉谈话。说：评弹要走正路，要有好的台风。出书，要一部、两部、三部地出。出人也不要求一下子就出一批，也只能一个、两个、三个地出，逐步锻炼成长。严雪亭说弹词《杨乃武》，姚荫梅说弹词《啼笑因缘》，都是自己钻研出来的。

5月12日

在杭州云栖会见评弹界人士，并同他们进行座谈。参加这次会见和座谈的，有浙江的史行、施振眉、马来法、蒋希均、孙钰亭、周映红、李仲才，上海的吴宗锡、唐耿良、苏似荫、赵开生、张振华、江文兰、张如君、刘韵若、庄凤珠、饶一尘等。

10月28日

写信给吴宗锡。说：看了青年会书①简报，很高兴。同日，写信给何占春。说：可以将青年会书的录音送来听听。

1982年

3月18日

在苏州南园饭店同吴宗锡、周良谈话。说：听了青年会书的录音，有的书听不懂，

———————————

① 指1981年9月在上海举行的江浙沪两省一市青年评弹演员会书演出。

主要是说表基本功不扎实。刘天韵说《求雨》抑扬顿挫，吐字清楚。弹词中篇《真情假意》，有时代气息，符合适应青年、提高青年的要求，所以是成功的。现在我还在听，听了20遍了。培养青年演员，要多收男学生。要有男双档。还要注意培养评话学生。要培养青年演员

1982年3月，陈云为《评弹艺术》丛刊题写的刊名。

的事业心。评弹是一项艺术事业，不要看轻自己。

3月24日

在苏州南园饭店会见苏州评弹学校师生代表。参加会见的有：校长曹汉昌、支部书记夏玉才，教师代表尤惠秋、朱雪吟、庞学庭、谢汉庭、王月香、王鹰、丁雪君，学生代表有陈影秋、韦梦、何江、魏家根、杨红等。陪同会见的有周良。学生汇报演出了开篇《宫怨》、《怨东风》、《刀会》，弹词《王十朋·参相》等节目。在同师生交谈时说：我从12岁听"蹩壁书"①开始，听了那么多年的书了，最近听青年会书的录音，有的书却听不懂了，主要是说表功夫不到家。朱

雪吟送我一盘录音，句句都能听清楚。要大力提倡说表功夫。要有事业心，评弹是有希望的。

3月29日

在杭州同施振眉谈话。说：听了青年会书的录音，有的书听不懂，主要是说表差，吐字不清，嘴巴上没功夫。唱功上还马马虎虎。这次在苏州听评弹学校学生唱的几只开篇，唱得很灵光。弹词中篇《真情假意》编得好，听了20遍，还想听。这部书有时代气息，是适应青年、提高青年的好作品。秦纪文的《孟丽君》是花了功夫的。潘伯英、王月香说的《孟丽君》是从秦纪文那里学来的，但有发展，是"青出于蓝，后来居上"。后来居上是条规律。后来不居上，就要被淘汰。

4月中旬

在杭州观看上海评弹团张如君、沈伟辰、孙淑英、刘韵若演出的弹词《双金锭·梦锦过关》和《描金凤·门斗报信》。

4月29日

在杭州云栖会见上海评弹团赴杭演出的主要演员，以及浙江、苏州部分评弹界人士和文化部门领导同志，并同他们座谈。参加这次会见和座谈的有：上海的吴宗锡、张鉴庭、杨振雄、朱雪琴、杨振言、张鉴国、吴君玉、张效声、华士亭、赵开生、余红

---

① "蹩壁书"，是过去流行在听众中的俗语。在书场听白书，一般都站在墙边，将身靠在墙上听书，所以叫听"蹩壁书"。由于是悄悄地站在阴暗处听的，因此还有一个俏皮的说法，叫听"英烈"，即"阴立"的谐音。

仙、王传积，浙江的孙家贤、施振眉、蒋希均、马来法、朱良欣、周剑英、胡仲华，江苏的周良等。在座谈中，问及不在座的姚荫梅、俞筱云等老艺人，以及已经去世的老艺人如周玉泉、徐云志、杨斌奎、薛筱卿等。还说：《真情假意》的录音，我听了20遍，内容不错，演员唱得还好，就是说表不灵光。现在青年演员说书像"抢三十"。要放单档，练说表。而且要几个书场，有敌档，这样他就要动脑筋了，否则练不出本事。我刚听书时都是男单档或者男双档，还没有女演员。书场是卖"筹"的。有钞票就买根"筹"，没有钞票就听"英烈"。（张鉴庭插话说：有些青年演员依赖话筒，忽视了口劲等基本功的锻炼。）从前书场里没有话筒，书台上点一支蜡烛，外面卖馄饨。（杨振雄插话说：说表是最难的，唱还比较容易些，有些青年往往走这条近路。说、噱、弹、唱，说是第一位的。）我在练塘听过夏荷生的书，最早还听过谈伯英的《封神榜》。（赵开生插话说：我连这个老艺人的名字都没有听过。杨振雄插话说：可惜有些老艺人的绝技失传了，那时没有录音。）临别时，见到师从已去世的弹词名家徐云志的华士亭，便握住他的手充满期望地说：华士亭，你要代表徐云志！

5月1日

在杭州同吴宗锡、周良、施振眉谈话。说：可以编一本评弹的书①，你们去搞就是了，编好后叫梅行②他们做文字加工。还说：上海评弹团创作的中篇评弹《真情假意》是成功的，有时代气息，符合适应青

年、提高青年的要求，可以成为保留节目。这个作品揭露了董琴琴的自私思想，揭露本身就说明这些是不好的，应该批判的，这就教育了听众。揭露反面，也可以起到和正面教育一样的作用。评弹要研究说表。现在的青年演员，说表功夫差得很，像"抢三十"，太快了。沈伟辰、孙淑英他们24岁时就说得很清楚，周玉泉就更不要说了。老艺人说表都很清楚的。不注重说表，弄不出好书来。《真情假意》的情节都很好，如果说表得好，就更成功。评弹学校培养学生要着重说表，提高说表艺术。说、噱、弹、唱不灵光，书就不好听。后来必须居上，才能发展；后来不居上，就要倒退。这是发展规律。要练说表，就要放单档。单档哪怕少也要放。杨振雄说书前，先要在台下默一遍书，刘天韵也是这样的。书要说得圆熟，表情要恰到好处。总之，要久炼成钢。说书是教育人的，艺人要有责任心。要加强书场和艺人的管理，发现不好的内容要采取措施，有的要禁止演出。要提高艺人的思想，加强对他们的教育，提高他们的责任感。要加强评弹的评论。要组织老艺人写些评论文章，他们能说出道道来。要内行来评论，分析哪些是好的，哪些是不好的。艺术上的东西要

---

① 即1983年12月中国曲艺出版社出版的《陈云同志关于评弹的谈话和通信》。这次谈话后又说：我是搞穿衣吃饭的，评弹是我的业余爱好，这本东西同已经出的那两本文稿（指人民出版社出版的《陈云同志文稿选编》，后改称为《陈云文选》）不同。

② 梅行，时任中共中央书记处研究室副主任。

他们来讲。要加强评弹的理论研究，报刊应该发表些文章。整个曲艺都应该研究。如何在这一方面组织力量，陆续写出有分量的文章，是曲协需要努力的事情。

6月10日

文化部编印的《文化工作简讯》第九期，刊登了陈云在5月1日、4月29日、3月29日关于评弹工作的三次谈话。

文化工作简讯

第 9 期

陈云同志关于评弹工作的谈话

一九八二年五月一日在杭州的谈话 …………（2）

一九八二年四月二十九日接见上海、浙江、江苏
部分评弹工作者时的谈话 …………（5）

一九八二年三月二十九日接见施振眉时的谈话 ……（9）

文化部编印　　　　　1982年6月10日

1982年6月10日，文化部《文化工作简讯》第9期刊登的陈云关于评弹工作的谈话。

6月11日

写信给邓力群①。说：上海评弹团徐檬丹写的《真情假意》是评弹中的一个好的中篇，是适合青年、提高青年的作品，有切合现实的时代气息，对广大青年有教育意义。可否考虑在此基础上改编为话剧？改编时本意不变，但艺术处理应该适应各种剧种的特点。

7月1日

在北京中南海会见参加中国曲协理事会的评弹界人士蒋月泉、曹汉昌、汪雄飞、唐耿良、吴宗锡、周良、施振眉，并同他们进行座谈。

7月13日

在7月3日邓力群送来的中共中央书记处研究室编辑的《关于评弹》（1959年10月至1982年6月）的报告上批示：可以。12月18日，在12月17日《光明日报》编辑部送来的拟将《关于评弹》这篇文稿先在该报发表的

1982年7月3日，邓力群就中共中央书记处研究室编辑的陈云《关于评弹》一文送请审定的报告和陈云的批示。

---

① 邓力群，时任中共中央书记处研究室主任、中央宣传部部长。

1982年12月20日，《光明日报》头版发表的陈云《关于评弹》一文。

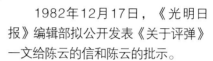

1982年12月17日，《光明日报》编辑部拟公开发表《关于评弹》一文给陈云的信和陈云的批示。

报告上批示：同意。收入这篇文稿的，有谈话记录、手稿、书信摘要，共分为八个段落。12月20日，《光明日报》头版刊登了这篇文稿。

9月19日

写信给中央人民广播电台文艺部。说：广播剧《真与假》的录音已听了六七次，这个剧本是成功的，我非常高兴。我有一点意见，请你们来一位同志，我可以当面谈。20日，在中南海同广播剧《真与假》的编导刘保毅谈话。指出：弹词《真情假意》改编成讲普通话的广播剧，可以使它广泛流传，教育更多的青年。《真情假意》第三回"真假全分明"里有两段说表，说董琴琴拉关系、占便宜，结婚讲排场。它反映了目前社会上存在的一些不正之风，很有意义，也很生动。但在广播剧里这一段话没有了，请你们考虑能不能加进去。董琴琴的这种思

1982年10月9日，中央人民广播电台《广播节目报》刊登的陈云谈广播剧《真与假》的报导。

发挥广播的作用。

10月22日

写信给吴宗锡。说：《假婿乘龙》、《春梦》都已听了，都好，我还在听。《真

想，是社会上落后的意识形态，是反面的东西。但是，把反面的东西揭露出来，可以起到和正面教育一样的作用。过去一段时间，中央台把播评弹的时间改到了夜里十一点半，群众写信反映听不到评弹。现在好了，时间又改回到中午了。江浙、上海一带支援其他省份建设的职工很多，如果中央台不播，他们是很难听到评弹的。广播比报纸来得快、影响大，特别是广大农村，订报纸的不多，电视机还不普遍，农民主要还是听广播。要努力办好广播，

情假意》中央广播台文艺部改编成广播剧，我听了，向他们提了意见。我所以要求其他剧种移植，因为讲普通话比苏州话使能听懂的人更多一些。何占春拟录一些长篇，我很赞成。应该把评弹中的各种长篇，有选择地多录一些，这对于保存评弹和教育青年演员都有好处。

11月5日

写信给吴宗锡。说：《真情假意》各方面都在移植，应该选择那种最有广泛性的剧种为准，例如话剧或电影。不宜多演的，应停止。评弹仍无起色，应该从社会方面去找原因。应该承认评弹遇到了困难，无视几年来的情况不是唯物论。

11月7日

写信给何占春。说：曲艺应该研究，如何在这一方面组织力量，陆续写出有分量的文章，是曲协需要努力的事情。宗锡同志等拟创办评弹刊物①，现在还没有消息，便时可以问问。

11月21日

在北京中南海会见来京演出的上海评弹团演职人员。参加这次会见的，有：冯忠文、杨振雄、杨振言、朱雪琴、余红仙、张如君、刘韵若、吴君玉、陈希安、沈世华、张振华、史丽萍、卢娜、王惠凤、徐惠新、王传积、庄凤珠、秦建国、黄嘉明、黄缅、孙庆、杨骢等。陶钝陪同参加会见。

1983年

1月7日

写信给周良。说：请问一下龚华声，可否将中篇脚本②寄给我，这样听录音时更方便些。

1月20日

写信给吴宗锡。说：据上海文化局的简报，《真情假意》改编为话剧，上座率很高，不知情况如何？有好的中篇、短篇，送书到工厂、学校，看来是一个好办法。

2月8日

写信给吴宗锡。说：评弹团改革要谨慎一点。因为野书很多，演出场次比重很大。我认为，评弹团现在应否改、如何改好，应该先有一个规划。经三五年时间的探索，不算慢。私营工商业改革少说一点，至少经过了六年时间。

3月16日

写信给何占春，退还胶带6盘。说：我的机器只能用长度为500米胶带，超过这个长度，就不能用。

4月19日

在杭州观看上海评弹团张如君、刘韵若的演出。陪同观看演出的，有孙家贤、胡仲华③等。演出结束后，同他们一起交谈。

4月30日

在杭州观看浙江省曲艺团朱良欣、周剑英演出的开篇《颠倒古人》和弹词《梅花梦·枝山为媒》等节目，庆祝"五一"国际劳动节。陪同观看演出的其他领导同志有：

---

① 指《评弹艺术》，该刊于1982年12月正式创刊。

② 指龚华声创作的弹词《淘金人》脚本。

③ 孙家贤，时任浙江省文化厅厅长。胡仲华，时任浙江省曲艺团团长。

王芳、铁瑛、薛驹、李丰平等。

5月6日

在杭州同吴宗锡谈话。说：文艺是精神生产，是否应该承包，要研究。关于评弹这本书的稿子，现在只看了一遍，还提不出意见，要看二遍、三遍，才能提出具体意见。形式可以随便一点。我听书和搞经济工作不一样。经济工作是我建国以来分工从事的工作，是以全副精力去抓的。评弹是我的业余爱好，随便谈谈的。9日,写信给吴宗锡。说：全文看了两遍，有些增删。出版时，必须把标点符号搞正确。

5月上旬

在杭州观看上海评弹团秦建国、顾建华、黄嘉明、王惠凤、张小华等演出的《真情假意》。

5月17日

在上海同何占春、冯忠文谈话，了解评弹节目录音保存及评弹界现状和管理体制等方面的情况。说：现在时代的节奏快了，文化生活也丰富了，说表的节奏和内容要适合现代生活的节奏及经济生活的发展。

7月10日

在北京同吴宗锡、施振眉、周良谈话。说：我原来所以希望把《真情假意》改编为用普通话说的剧种，是考虑这样可以有更多的人听得懂。现在看来，移植多了，有的不如评弹好。广播剧中虽然有一些内心独白，但无论如何做不到像评弹的说表那样能把人物内心活动细致地刻画出来。评弹艺术确实是一种非常好的艺术形式。马克思主义哲学是科学的世界观和方法论。学习马克思主义哲学很重要。延安时代，我在中央组织部工作的时候，有个很好的风气，就是组织干部学习哲学。那时规定每周要看几十页书，每星期六用半天时间进行讨论。这样系统地学了几年马列著作和毛泽东著作，对我很有帮助，从思想理论上把王明的一套"打倒"了。"文化大革命"期间，我又有计划地读了点马列原著。学习马列著作，首要的问题是要理解，理解了也就容易记住了。比如，列宁关于帝国主义五个基本特征的论断，你只要记住了资本主义的发展过程，也就记住它们了。我常说，多做就是少做，少做就是多做。年老了，精力差了，不顾劳逸结合，伤了身体，就不能多做；而注意劳逸结合，细水长流，就能多做工作。这里面也有方法论。总之，你们搞评弹工作的，也一定要学点哲学。

8月12日

写信给何占春。说：周玉泉的《文武香球》我拟留下10盘，我手头有几盘是苏州台录下的，比上海台的好。可以将《孟丽君》录来，以后再录杨斌奎的《描金凤》。苏州评弹学校学生的几回再听几次后即送还。

8月16日

写信给胡启立①。指出：评弹是江浙沪一带的主要曲种。前些年，一些艺人在党落实文艺政策的过程中出现了另一种倾向，主要表现在书目和表演上迎合一部分观众的低级趣味，单纯追求票房价值。最近虽然加强了演出的管理工作，但看来问题并没有得到根本解决。现在设书场的单位很多，而工商

---

① 胡启立，时任中共中央书记处书记。

宣传动态

44

中共中央宣传部　　　　　一九八三年八月三十一日

目　录

陈云同志关于评弹的重要意见

今年八月十六日，陈云同志在给胡启立同志的信中，提出切实纠正评弹书目和表演不健康的问题，意见如下：

评弹是江、浙、沪一带的主要曲种。前些年，一些艺人在我们党落实文艺政策的过程中出现了另一种倾向，主要表现是在书目和表演上迎合一部分观众的低级趣味，单纯追求票房价值。最近一个时期，虽然加强了演出的管理工作，但看来问题并没有得到根本解决。现在设书场的单位很多，除了文化部门，还有一些工会、街道、茶馆、供销社、农村社队和个体户，而工商管理部门只负责向他们收税，对演出内容并不过问。因此，要切实纠正书目和表演不健康的问题，单靠文化部门抓是不够的，必须由江、浙、沪的省委和市委出面来抓才行。可以先召集各个方面开个会，制订书场管理的条例，规定什么样的书不准演，如果演了怎么办。然后派人抽查，发现违反的即照规定处理。我相信只要这样抓上几年，这股歪风是可以刹住的。

—2—

1983年8月31日，中共中央宣传部《宣传动态》刊登的8月16日陈云关于评弹的重要意见。

管理部门只负责向他们收税，对演出内容并不过问。因此，要切实纠正书目和表演不健康的问题，单靠文化部门抓是不够的，必须由省市委出面来抓才行。要制订书场管理条例，规定什么样的书不准演，如果演了怎么办。我相信只要抓上几年，这股歪风是可以刹住的。信后附了两份反映评弹书目和管理中存在问题的材料。事后，中共中央办公厅将这封信及所附材料转发上海市委和江苏、浙江省委。8月31日，中共中央宣传部编印的《宣传动态》第44期以《陈云同志关于评弹的重要意见》为题刊登了这封信。同时，刊登了新华社反映的《上海评弹书场台风不正亟须整顿》等报道。9月18日，上海市委向中央报告关于评弹书目和演出管理问题及改进措施。10月16日，《人民日报》头版发表了这封信的主要内容，以及上海加强对评弹书目和演出管

1983年10月16日，《人民日报》刊登的《按照陈云同志重要意见，上海加强对评弹书目和演出的管理》的新闻报导。

理的报道。11月5日，中央宣传部和文化部又将这封信和上海市委的报告一起转发各地、州、市、县党委宣传部和文化局。

11月28日

写信给何占春。说：送上《西厢》五回①，可以继续听下去。书说得极好。

同日

写信给吴宗锡。说：《一往情深》是一部极好的中篇，我已听了十几次。明年四五月再听一次，那时可能在杭州。继续抓几年的办法，在杭州再定。

12月下旬

《陈云同志关于评弹的谈话和通信》一书，经作者审定，由中国曲艺出版社出版。该书收入作者从1959年11月至1983年8月间，有关评弹的谈话、文稿和书信共40篇，约6万多字。书末附有该书编辑小组撰写的《编后记》。说：20多年来，作者在指导评弹工作中，按照党的文艺政策，发扬党的民主作风和群众路线，抓住文化艺术的继承与发展、思想性与娱乐性、普及与提高等带有普遍性的问题，结合评弹艺术的实际，提出了许多宝贵的意见。这主要有下列四个方面：一、正确对待传统书目；二、积极提倡和支持编说新书；三、重视评弹艺术的革新；四、出人、出书、走正路。31日，《人民日报》头

陈 云 同 志
关于评弹的谈话和通信

中国曲艺出版社
一九八三年·北京

1983年12月，中国曲艺出版社出版的《陈云同志关于评弹的谈话和通信》的扉页。

1983年12月31日，《人民日报》刊登的《陈云同志关于评弹的谈话和通信》一书出版的新闻报导以及收入该书的《出人、出书、走正路》、《加强对评弹书目和演出的管理》两篇文稿。

---

① 指杨振雄单档录制的《西厢记》。

版报道了这本书出版发行的消息，同时发表了收入该书的《出人、出书、走正路》和《加强对评弹书目和演出的管理》两篇文稿。

12月24日

中共中央宣传部发出关于文艺界学习《陈云同志关于评弹的谈话和通信》的通知。说：这本著作，不仅对我国评弹艺术在建国后的发展过程和经验教训作出了科学的总结，而且对党和国家的整个文艺工作，对整个社会主义文艺事业，发表了许多重要的意见。如：关于文艺为人民服务、为社会主义服务的方向；衡量作品的好坏的根本标准是对人民是否有利；文艺要反映现实斗争、要跟上时代要求，现代题材的作品应当占主导地位；要进一步贯彻"百花齐放"的方

中央宣传部文件

中宣发文〔1983〕60号

关于文艺界学习《陈云同志关于
评弹的谈话和通信》的通知

各省、市、自治区党委宣传部，总政文化部，中央宣传文教系统各单位党委、党组：

《陈云同志关于评弹的谈话和通信》一书，经陈云同志校阅，即将由中国曲艺出版社出版。该书编选了陈云同志一九五九年至一九八三年有关评弹的谈话、文稿和通信共四十篇。陈云同志的这本著作，不仅对我国评弹艺术在建国后的发展过程和经验教训作出了科学的总结，而且对党和国家的整个文艺工作，对整个社会主义文艺事业，发表了许多重要的意见，如：关于文艺为人民服务、为社会主义服务的方向；衡量作品的好坏的根本标准是对人民是否有利；文艺要反映现实斗争、要跟上时代要求，现代题材的作品应当占主导地位；要进一步贯彻"百花齐放"的方

—1—

1983年12月24日，中共中央宣传部关于文艺界学习《陈云同志关于评弹的谈话和通信》的通知。

针；加强党对文艺事业的领导；加强文艺评论，克服单纯追求票房价值的错误倾向；要正确对待传统书目，既说新书，又努力保持传统书的精华；重视文艺队伍的建设，文艺工作者要学习马列著作和毛泽东同志著作，要深入生活，要提高责任感，要出人、出书、走正路等一系列方针政策问题，都作出了精辟论断。要求文艺工作者联系实际，认真学习这本马克思主义文艺思想的重要文献。

1984年

1月6日

写信给周良。说：看了《评弹艺术》第二期邱肖鹏、郁小庭写的文章《努力搞好新长篇》，非常高兴。他们说"打败仗的教训更为可贵"，这句话很对。世界上没有常胜将军，打过胜仗也打过败仗，这样的将军是最能打仗的将军。他们又说"失败乃成功之母"，这句话也说得很好。我希望他们坚持努力，搞出一个新长篇。

2月2日

在北京中南海邀请曲艺界著名人士进行座谈。指出：曲艺是我国特有的传统艺术形式，在城乡有着很广泛的群众基础。我们要繁荣社会主义的文艺，就要繁荣社会主义的曲艺。大前年，我对评弹界提出了"出人、出书、走正路"的要求。出人，就是要热心积极培养年轻优秀的创作人员和演员，使他们尽快跟上甚至超过老的。出书，就是要一手整理传统的书目，一手编写反映新时代、新社会、新事物的书目，特别是要多写多编新书。走正路，就是要在书目和表演上，

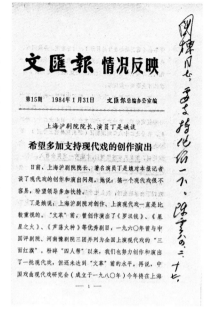

1984年2月15日，中国文联组联部《文联简报》刊登的《陈云同志春节会见曲艺界人士时的谈话要点》。

1984年2月17日，陈云对1月31日《文汇报情况反映》刊登的上海沪剧院院长丁是娥希望多加支持现代戏的创作演出的批示。

既讲娱乐性，又讲思想性，不搞低级趣味和歪门邪道。粉碎"四人帮"以后，文艺界包括曲艺界，成绩是主要的，但也确实出现了一部分坏作品、坏节目，或有严重缺点的作品、节目，对社会、对青年起了不好的作用。解决这方面的问题，需要有关部门制订和完善一些必要的规章制度，更需要在文艺界内部开展认真的批评和自我批评。应当相信，只要是充分说理、实事求是地批评和自我批评，不仅不会妨碍文艺的繁荣，而且是文艺繁荣所不可缺少的重要条件。参加座谈的有陶钝、高元钧、骆玉笙、侯宝林、罗扬、袁阔

成、刘兰芳、马增蕙、赵玉明等。2月15日，中国文联组联部编印的《文联简报》第三期刊登了这次谈话的要点。

2月9日

将《陈云同志关于评弹的谈话和通信》的稿酬1400余元，全部捐赠给正在筹建中的北方曲艺学校。3月17日，文化部致信陈云，对于他关怀并指导我国社会主义文艺和文艺教育事业的发展，深表敬意。

2月17日

就《文汇报》总编办公室编印的《文汇报情况反映》刊登的上海沪剧院院长、著名演员丁是娥"希望多加支持现代戏的创作演

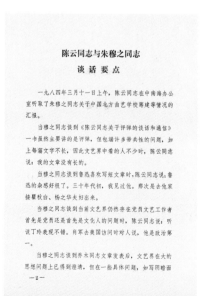

1984年3月25日，文化部《文化工作简讯》刊登的3月11日陈云与朱穆之的谈话要点以及文化部给陈云的一封信。

出"的谈话作出批示：要支持他们一下。

3月11日

在北京同朱穆之①谈话。当朱穆之谈到《陈云同志关于评弹的谈话和通信》一书虽然主要讲的是评弹，但包含许多带共性的问题，加上每篇文字不长，文艺界看的人不少时说：我的文章没有长的。当谈到鲁迅喜欢写短文章时说：鲁迅的杂感好极了。30年代初，我见过他。那次是去他家接瞿秋白、杨之华夫妇出来。当谈到现代题材的作品在创作上仍然跟不上群众需要时说：这几年评弹出了许多新书，《真情假意》是比较成功的一部。我曾提议将这个剧本移植到其他剧种，但现在看，成功的不多。创作新作品，一次不成功不要紧，"失败乃成功之母"。世界上没有

什么常胜将军，只有既打过胜仗，也打过败仗，并且善于总结经验的人，才是最会打仗的人。当谈到文化部已经决定创办北方曲艺学校，考虑到演员艺术高峰往往在十几岁，因此以中专性质为宜时说：赞成这个意见。梅兰芳登台表演的时候就很年轻，我在上海时看过他的演出。25日，文化部编印的《文化工作简讯》第13期，刊登了这次谈话的要点。

4月1日

在杭州同吴宗锡谈话。说：上海在青浦开了有500多人参加的评弹会议，目的是提高艺人的自觉性，加强书场和艺人的合作，

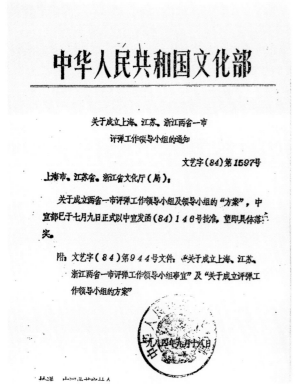

1984年9月18日，文化部关于成立上海、江苏、浙江两省一市评弹工作领导小组的通知。

情况通报

375

中共中央书记处研究室　　　1984年5月29日

陈云同志关于评弹管理工作和
文艺演出团体改革问题的谈话要点

按：此件已经陈云同志审阅过，现特登载。请文化艺术部门结合学习，在总结前一阶段改革试点经验的基础上，根据各自情况，把改革进一步积极稳妥地开展下去。

本期各省、市、自治区党刊可以转载。

一九八四年四月一日，陈云同志接见了上海评弹团团长吴宗锡同志，并同他谈了话。陈云同志谈话的主要内容

—1—

1984年5月29日，中共中央书记处研究室《情况通报》刊登的陈云4月1日关于评弹管理工作和文艺演出团体改革问题的谈话要点。

————————

① 朱穆之，时任文化部部长。

增进互相理解，这个做法是对头的。我那本《关于评弹的谈话和通信》的书，有关扬州弹词、北方大鼓的部分，都没有编进去。通过谈评弹，也可以对其他方面起到树立样板的作用。编说新书要放开胆子，失败了也不要紧，常胜将军是没有的。要经得起打败仗，打三次仗，两次胜仗，一次败仗，就是能干的将领了。你建议由江浙沪两省一市的文化厅局共同组成一个评弹工作领导小组，这个办法好①。文艺团体可以经过试点，逐步扩大些自主权。应该奖勤罚懒。当吴宗锡说到有的人认为演员工资超过行政人员工资不好时，说：过去蒋月泉的工资就比我拿得多。5月29日，中共中央书记处研究室编印的《情况通报》第375期以《陈云同志关于评弹管理工作和文艺演出团体改革问题的谈话要点》为题，刊登了这次谈话要点。中共中央宣传部文艺局编印的《文艺通报》和中国文联编印的《文艺界通讯》也分别转载了这次谈话要点。

4月2日至6日

在杭州观看上海评弹团青年队演出的现代题材的中篇弹词《一往情深》。每天听一回，分五天听完，并同演员进行交谈。当得知青年演员范林元也是青浦人，最近还到练塘敬老院为孤老演出时，高兴地说：从前说书为了糊口，现在为劳动人民演唱，意义不同了。为孤老演出更是好事。你们要多去农村，为农民演出。

4月4日

写信给何占春。说：我要复制徐文萍唱的《秋思》，听说上海台没有这一唱段，现将我存的徐文萍《秋思》和《私吊》在杭州

台录了一次，请你在上海台保存。

5月1日

在杭州观看浙江省曲艺团骆德林、骆文莲等演出的评弹节目，并同演员交谈。

1984年6月30日，何占春给陈云复信的手迹。

同日

写信给何占春，希望听一些艺人谈艺术的录音。

5月初

在杭州同施振眉谈话，同意为浙江省海盐县拟建的张元济② 图书馆题写馆名。

---

① 1984年5月10日，文化部将陈云这次谈话的要点转发给江浙沪文化厅局。6月7日至9日，文化部在北京召开会议，讨论成立江浙沪评弹工作领导小组的问题。

② 张元济，著名出版家，商务印书馆编译所和东方图书馆的创办人。

6月16日至12月7日

先后十次写信给何占春，希望将需要听的节目录音后送来，同时退还部分节目的录音胶带。6月30日，何占春复信说：杨斌奎、杨振言《大红袍》13回已复制好。这次送上胶带共七盘，除《大红袍》一盘外，杨振雄《西厢记》三盘，艺人谈艺：徐云志谈他的艺术生活一盘，谈《徐调的创造》和谈《三笑中各种曲调》一盘；张鉴庭谈张调一盘。杨振雄近来身体好些，现在他每星期来录《西厢记》一至两回，我劝他注意休息，不要勉强，他说可以录音。

7月1日

《红旗》杂志1984年第13期刊载文艺评论家陈涌的文章，题为《陈云同志与评弹艺术》。文章说：《陈云同志关于评弹的谈话和通信》这本著作是马克思主义文艺思想的一份珍贵的财富。它吸引我们的，首先便是他用自己领导评弹的实践，雄辩地向人们指明，一个领导者怎样才能把文艺领导好。其次，社会主义文艺经常遇到思想、艺术、生活这几方面的关系问题。我们首先强调为人民服务，为社会主义服务；但只有把为人民服务、为社会主义服务的思想和艺术、生活方面的问题统一起来解决，才能使文艺创作走上真正健全繁荣的道路。再次，每种艺术都有它独特的不可替代的特点，如果失掉这个特点，这种艺术也就没有存在的必要和权利，也就等于失掉了这个艺术本身。

8月29日

写信给侯宝林。说：得知你们举办了相声作品讨论会，并即将召开评奖大会，很高兴。祝你们在发展相声艺术、丰富人民精神生活的事业中，取得更多的成就。

10月上旬

在北京会见赵开生。他是随上海评弹团参加庆祝新中国成立35周年演出活动的。临别时送给他两个条幅：一幅为鲁迅的"横眉冷对千夫指，俯首甘为孺子牛"；一幅为郑板桥的"删繁就简三秋树，领异标新二月花"。同时，托他带给何占春两个条幅。一幅为鲁迅的"横眉冷对千夫指，俯首甘为孺子牛"；一幅为崔护的《题都城南庄》："去年今日此门中，人面桃花相映红。人面不知何处去，桃花依旧笑春风。"

1984年7月1日，《红旗》杂志第13期刊登的陈涌文章《陈云同志与评弹艺术》。

10月25日

写信给吴宗锡。说：9月22日来信提到《三国》、《岳传》、昆曲应给演员以特别补助，以保存艺术。这个意见我赞成。哪些属于需要给以补助的书目和剧目，分寸必须掌握好。文化局、评弹领导小组要先讨论一下，不要引起争论。

同日

写信给周良并邱肖鹏和评弹演员魏含玉、侯小莉。说：《九龙口》这部书是长篇，听后，我认为这是一个成功的创作。照例对于新的作品，我非常赞赏。希望继续演出，边演边改。已送来的26回，我还要重复听几次。

1985年

2月2日

写信给周良。说：《九龙口》32回书都听了两遍，全书的组成和结局都处理得很好。这32回书的胶带，我要保留起来。请将胶带成本告我，以便寄钱给你。为了祝贺你们编演成功，我特写了五个条幅给你和邱肖鹏、郁小庭、魏含玉、侯小莉。

3月2日

在北京同吴宗锡谈话。说：我认为《九龙口》写得很好，听了32回书，不觉得很长。书里集中塑造了文大梁、林亚琼这两个人物，自始至终写他们之间的关系和矛盾，结局的处理也很好。江浙沪文艺领导部门应该组织精力充沛的、文化水平较高的评弹演员，在老艺人的帮助下，集中精力，在两三年内搞出几部现代题材的长篇书目来。对传统书要继续记录、整理。

4月12日

写信祝贺中国曲协第三次会员代表大会的召开。指出：曲艺工作者和我国所有的文艺工作者一样，肩负着建设社会主义精神文明的责任，肩负着教育群众、特别是教育青年的责任。希望大家创作和演出更多的为人民群众喜闻乐见的好作品，培养出更多的年轻优秀的创作人员和演员，为繁荣曲艺，为社会主义精神文明建设作出新贡献。

5月11日至12月20日

先后25次写信给何占春，希望将需要听的节目录音后送来，同时退还部分节目的录音胶带。在11月8日的信中提出，希望听听上海东方评弹团创作演出的几部新书。

1986年

2月1日至12月3日

先后27次写信给何占春，安排录音节目和退还录音胶带。

3月5日

写信给吴宗锡。说：《筱丹桂之死》26回已听完。同意你对于这部新长篇的一些评价。但是我认为还是成功的一部新长篇。老的评弹书目已不受欢迎，像《筱丹桂之死》这样的新长篇，是听众愿意接受而内容又无害的。看来目前的新书，只能如此，以后慢慢改进。

3月

为全国曲艺新节目汇演题词：出人、出书、走正路。

4月19日

在杭州观看苏州评弹学校师生汇报演

出，并同大家交谈。当周良请"名誉校长"打分时，高兴地说：80分，80分。

4月23日

在杭州同施振眉谈话。说：现在新的长篇书少，像《筱丹桂之死》这样的新长篇，我认为还是好的。当然这部书有缺点，艺术上不如传统书那样好，比《九龙口》也差些，但很受欢迎，据说已上演了300多场，有8万多人听了这部书。《秋海棠》就不如《筱丹桂之死》。这说明像《筱丹桂之死》这样的编演水平，是听众能够接受的水平，内容又不乱七八糟，就算是成功的了。看来目前编演的新书，只能这样，以后慢慢提高。书是边演边改、越说越熟的。当听到嘉兴书场开展多种经营筹措经费时说：只要书场仍然是书场，兼营别业，不妨一试。

5月1日

在杭州观看浙江省曲艺团王柏荫、高美玲演出的弹词《白蛇传·投书》，朱良欣、周剑英、陈慧琼演出的弹词《将错就错》，庆祝"五一"国际劳动节。陪同观看演出的其他领导同志有王芳、江华、薛驹、李丰平等。

5月23日

在上海同吴宗锡、何占春谈话。说：搞新长篇很不容易，只要不是乱七八糟的东西，就要扶持一下，使之逐步提高。过去一些传统书翻来覆去听不厌，现在的生活节奏快了，和我小时候听"戤壁书"时的情况不同，不能完全按过去的标准要求。《筱丹桂之死》是有些像社会新闻，不过能吸引听众，受听众欢迎就是了。弹词《董小宛》已经听完。每天散步后，就听听录音，一天听

两次，没有新的录音就听老的。我现在保存的录音，有周玉泉、薛君亚的《文武香球》，杨斌奎、杨振言的《大红袍》，刘天韵的《老地保》，张鸿声的《胡大海》等。

5月

为"苏州戏曲博物馆"题写馆名。

10月24日

委托秘书给吴宗锡、周良打电话，答复有关评弹经营体制改革方面的问题。说：同意吴宗锡提出的评弹以档为主，以利于开展竞争，提高艺术的意见。评弹演员艺术生命的黄金时间短，要注意使他们在有限的艺术青春期内得到发展。同时还要照顾到老艺人的利益和生活保障，使他们的生活能逐步有所改善。同意周良提出的改革不要搞一刀切的意见。要允许有多种形式的存在，并要在改革中进行试点，从试点中取得好经验。书目的内容，要注意防止出现青浦会议以前那种情况和问题，使评弹能健康发展。

1987年

2月5日至3月14日

先后七次写信给何占春。称赞评话演员金声伯的《七侠五义》说得好，希望再听听他说的书的录音。同时退还部分节目的录音胶带。3月16日，何占春复信说：寄上胶带20盘。其中，顾宏伯的《包公与狄青》四盘，已告一段落。中篇弹词《说书先生》上下集12盘，是张如君、刘韵若写的本子，由江浙沪几个团联合演出的。中央人民广播电台和上海、浙江、江苏以及无锡、苏州等地电台联合举行的《鼓曲新声——评弹音乐演唱

会》四盘。演出后听众意见很不一致。有人说好，认为这是一种新的探索，值得称赞。有人认为，乐器太响，超过了唱。另外，未以三弦、琵琶为主，也是缺点。金声伯的书录音问题，苏州台和他联系了几次，未能定下来。

3月26日

在杭州同吴宗锡、何占春谈话，商量安排录音的问题。

4月30日

在杭州观看苏州评弹学校师生的汇报演出。演出结束后，高兴地说：这次可以打85分。

5月1日

在杭州观看浙江省德清县评弹团张雪麟、严小屏演出的弹词《董小宛·参相》等节目，庆祝"五一"国际劳动节。陪同观看演出的领导同志有王芳、江华、薛驹等。

7月25日

写信给周良、邱肖鹏。说：《明珠奇案》30回①听了一遍，结构很好。不知在哪些书场演出过，演出多少场，听众反映如何？

9月10日

为"苏州评弹艺术节"题名。

1987年9月10日，陈云为"苏州评弹艺术节"题名的手迹。

12月20日

写信给周良，随信退回《明珠奇案》的录音带，称赞张君谋书艺很高。还说：我保存的周玉泉、薛亚君说的23回《文武香球》，是苏州录的，因为上海录的不全，曾送到中央台去翻录，结果把19回《金花银花见云姑》这盘磁带声音弄坏了。我想明年春天到南方去的时候，请在苏州评弹艺术节上演出《文武香球》的两位演员②听听这回书，然后重新录一下。12月22日，又写信给周良，补充说明需要补录的《文武香球》的回目。

1988年

1月5日

写信给何占春，随信寄去四个条幅，分别赠送给吴宗锡、何占春、杨振雄。送给杨振雄两个条幅，一幅为张继的《枫桥夜泊》："月落乌啼霜满天，江枫渔火对愁眠。姑苏城外寒山寺，夜半钟声到客船。"一幅为李白的《峨眉山月歌》："峨眉山月半轮秋，影入平羌江水流。夜发清溪向三峡，思君不见下渝州。"说：杨振雄在1962年为我画过一个扇面，以此为

1988年1月17日，陈云为上海评弹团书场"乡音书苑"题名的手迹。

---

① 邱肖鹏、杨作铭、汤乃安等改编的长篇弹词，由张君谋、徐雪玉演出。

② 指苏州市评弹团演员龚克敏、王映玉。

报。听了《西厢记》50多回的录音，杨振雄的书艺极好。

1月17日

写信给何占春，随信附去为上海评弹团书场"乡音书苑"的题名。

3月28日

在杭州观看苏州市评弹团龚克敏、王映玉演出的《文武香球·金花银花见云姑》，并同他们交谈。周良陪同观看演出。

1989年

2月3日

在杭州观看浙江省曲艺团、杭州市曲艺团、湖州市评弹团的演出，欢度春节。朱良欣、周剑英、郑缨、王文稼、严燕君、严晓鸣等演唱了开篇《说书先生办年货》、《有粮则稳》和弹词《杨乃武·捉拿刘子和》。这是陈云生前最后一次在现场听书。陪同观看演出的领导同志有李泽民、江华、铁瑛。

3月15日

在杭州同何占春谈话，商量安排录音的问题。

3月19日

为《评弹艺术家评传录》题写书名。

1989年3月25日，陈云为《评弹文化词典》题名的手迹。

3月21日

写信给何占春，称赞评话演员唐耿良的《三国》说得好。

3月25日

为《评弹文化词典》题写书名。

8月11日

为苏州市"光裕书厅"题名。

10月22日

写信给周良。随信送去《孟丽君》录音片段。

1990年

1月上旬

向吴宗锡、周良询问关于弹词《三

1989年8月11日，陈云为苏州市"光裕书厅"题名的手迹。

上海市文学艺术界联合会

敬爱的陈云同志：

久违仪范，思念良深。谨祝首长福体康泰，诸事迪吉。

由陈桥书相遇，首长要询的《三笑》中唐伯虎所作山塘诗文字，已向专人查询，另纸录呈。

一月中旬，我们在苏州举行了江浙沪评弹领导小组会议。自文化主管部门重视民族文化及大抓扫"黄"除六害工作以来，评弹卖座情况略有上升。目前的问题，还是在于要有好的书目和艺人。前几年，对优秀传统书目的继承和新书的

上海市文学艺术界联合会

关于《三笑·文祝参相》中
唐伯虎所作的山塘诗

弹词脚本历来各家各说，再加上学书者凭听觉记录脚本，文字都不准确，以讹传讹的地方不少。

一种说法，说诗是：

姑苏城外有山塘，
果是人间极乐场，
沽酒店闹蜂又醉，
卖花人过路猶香。

还有一种说法（是当年刘天韵、谢毓菁的说法）

是这样的：

姑苏城外有山塘，
果是人间极乐场，
沽酒店闹蜂亦醉，
卖花人去路猶香。

1990年1月25日，吴宗锡给陈云复信和所附关于弹词《三笑·文祝参相》中唐伯虎所作山塘诗两种脚本的手迹。

苏州杂志社
SUZHOU ZAZHISHE

陈云同志：

祝您春节好。
《三笑·文祝参相》中的一段唱词，经王鹰以此校正后，为：

姑苏城外有山塘，
果是人间趣乐场，
沽酒店闹蜂犹醉，
卖花人过路有香。

第二句，那瑞亭老师讲的时度，后面三字（人间趣乐场）是记清楚的。前面两个是，他讲了音，什么字不知道。这可能是"沽"，我这"沽"就草三句犯，是不是"卖"？的川，这个"卖市"

1990年1月26日，周良给陈云复信的手迹。

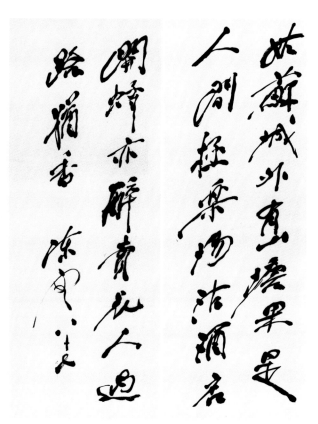

1992年，陈云练毛笔字时所写的山塘诗手迹，时年87岁。

笑·文祝参相》中唐伯虎所作"山塘诗"的内容。1月24日，吴宗锡复信说：弹词脚本历来各家各说。一种说法是："姑苏城外有山塘，果是人间极乐场。沽酒店开蜂又醉，卖花人过路犹香。"还有一种是当年刘天韵、谢毓菁的说法："姑苏城外有山塘，果是人间极乐场。沽酒店开蜂亦醉，卖花人去路犹香。"我认为，后一种说法较好。这是经刘谢档修订过的。"果是"比"贾市"来得通顺。"又"、"犹"同音容易缠误，把"又"改"亦"较好。"人过"也不如"人去"，容易听清。但从字面上看，以"人过"为佳。1月26日，周良复信说：这段唱词经王鹰校正后为："姑苏城外有山塘，果是人间极乐场。沽酒店开蜂犹醉，卖花人过路有香。"

2月上旬

向吴宗锡询问关于《三笑》中张渭川说

上海市文学艺术界联合会

陈翔书：

你好。

老人家要讨看看《三笑》的两句话，经问了，两位主人。恐电话讲不清楚，好此函告。

谢毓菁演出本，唐伯虎说：
"眼前割舍万金之爱，
日后必得龙虎之望。"

沈文倩演出本：

唐伯虎说："莫计较万金之体，须知道姣婢易得，名师难求，今日两家成就亲属，将来必得龙虎之望。"

谢本较通顺，沈本较明白。未宣谈及"如前"和"万金之池。"皆是是两位主人的误传。

专此，布复，至祝

春祺

向首长好！

吴宗锡
2月16日

1990年2月16日，吴宗锡关于陈云询问长篇弹词《三笑》中两句话的复信手迹。

的两句话。2月16日，吴宗锡复信说，谢毓菁的演出本是："眼前割舍万金之爱，日后必得龙虎之望。"张文倩的演出本是："莫计较万金之体，须知道姣婢易得，名师难求，今日两家成就亲属，将来必得龙虎之望。"谢本较通顺，张本较明白。

4月22日

在杭州同吴宗锡、周良、施振眉、何占春谈话，询问当时评弹的演出、书目、队伍以及姚荫梅、张鸿声、杨振雄、曹汉昌、汪雄飞、魏含英等老艺人的情况。说：希望你们定期来看看我，一起来也好，单独来也好。你们听到社会上有什么反映，群众有什

么意见，也可以写信告诉我，使我能够多听到些真话，多了解些实际情况。我们的干部，特别是高中级领导干部，能够交一点敢于反映真实情况的知心朋友，多听到些真话，是很有好处的。用通信、谈话的形式，向知心朋友了解情况，好处是"真、快、广"。有些问题，如果了解及时，就可以在萌芽状态加以解决。谈话结束时，送给每人两个条幅：一幅为郑板桥的"吃亏是福，难得糊涂"；一幅为弹词《三笑》中唐伯虎的一段唱词："姑苏城外有山塘，果是人间极乐场。沽酒店开蜂亦醉，卖花人过路犹香。"

8月2日

为首届"中国曲艺节"题名。

8月8日、11日

写信给周良，谈安排录音等问题。

1990年8月2日，陈云为"中国曲艺节"题名的手迹。

1991年

4月上旬

向吴宗锡询问弹词《玉蜻蜓》中元宰幼时汗衫上血诗的内容。4月29日，吴宗锡复信说，经向艺人了解，抄录如下："日碑

家声后，商珍姓字香；梨花来别院，爱月卧云房；窃喜桃成实，堪嗟李忽僵；五常尽礼数，四德殿乾阳；抛乳襟题血，愁雨各转肠；慈航逢华证，花月正昏黄。辛未年吉月题。"这一血诗写得比较隐晦，而过去弹词艺人文化并不很高，有些文句似通非通，再加上口口相传，其中错别字也不少，所以就更为费解了。经向艺人查询，大抵的解释是这样的。第一句解为金氏后代，第二句解为名字叫琏；第三句解为三月到庵堂，第四句解为留宿云房；第五句解为暗喜有了身孕，第六句解为事情弄僵；第七句解为智，第八句解为贞；第九句解为将乳儿抛弃，并在汗衫衣襟上题血诗，第十句解为心中忧愁；第

上海市文学艺术界联合会

敬爱的陈云同志：

承垂询关于《玉蜻蜓》中元宰幼时胸襟评珍上所题血诗的内容，经向艺人瞭解，抄录如下：

日碑家声後，　　商珍姓字香；

梨花来别院，　　爱月卧云房；

窃喜桃成实，　　堪嗟李忽僵；

五常尽礼教，　　四德殿乾阳；

抛乳襟题血，　　愁雨各转肠；

慈航逢华诞，　　花月正昏黄。

辛未年吉月题。

这一血诗，是隐指元宰身世的，写得比较隐晦。而过去弹词艺人文化並不很高，有些文句似通非通，再加上，由口相传，其中错别字也不少，所以就更为费解了。经向艺人查询，大抵的解

1991年4月29日，吴宗锡关于陈云询问长篇弹词《玉蜻蜓》中血诗内容的复信手迹。

十一句解为2月19日生，第十二句解为春日的黄昏戌时。这样的解释基本上还讲得通，所以听众是接受的。

4月10日、12月2日

在上海先后两次同吴宗锡、何占春谈话，询问评弹界的情况和安排录音问题。

1992年

6月上旬

向吴宗锡询问听众对长篇弹词《西厢记》的反映。6月24日，吴宗锡复信说：过去说《西厢记》的人不多。最早创作改编的是清末艺人朱寄庵，后经朱兰庵、朱菊庵、黄异庵等丰富加工而成。杨振雄在50年代初与黄寄庵拼档学说《西厢》，并对脚本有所加工。此后，杨振雄与杨振言双档演出，扩大了影响。这部书在大中城市听众中较受欢迎，听众以较有文化的知识阶层、年龄在40岁以上的为多，也有30岁左右的青年来听的，而在乡镇码头就不行，听的人较少。近年来，说唱《西厢》的人更少。杨双档辍演之后，只有上海评弹团的孙淑英、沈伟辰一档演出了。听众反映说，知道这是一部好书，但自己欣赏能力不够。孙沈档在浙江湖州演出，挂牌是《孟丽君》，听众要求听《西厢》，说《孟丽君》今后还能听到，《西厢》说的人少，又无传人，今后听的机会少了。杨振雄单档《西厢记》前两年在上海电台播放之后，听众反应较强烈，对他的书艺十分欣赏。认为这部书典雅细腻，文学性强，在表现上充分发挥了评弹的特色。但也有少数听众认为这部书太高雅，不够群众

化。我的看法是，长篇弹词《西厢记》同评话《三国》一样，是评弹对古典文学作品丰富、发展的代表作。但是，全书由于过分细腻，显得有点拖沓。经过整理的分回，如《借厢》、《闹柬》、《回柬》等等，更为精炼，可称弹词精品。杨振雄在表演艺术上很有创造，大大提高了这部书的声望和品位。

6月20日

财政部给江苏省财政厅发文说：根据陈云的批示，同意一次性补助你省文化事业费50万元，专项用于江浙沪评弹工作领导小组建立"评弹发展基金"。

12月25日

在上海同吴宗锡、何占春谈话，主要商

财政部文件

（92）财文字第376号

关于补助文化事业费的通知

江苏省财政厅：

江、浙、沪评弹工作领导小组办公室（1992）01号《关于建立评弹发展基金的报告》已经陈云同志办公室转我部研办。根据陈云同志的批示，同意一次性补助你省文化事业费50万元，专项用于江、浙、沪评弹工作领导小组建立"评弹发展基金"。请结合地方财力，妥善安排，专款专用。

1992年6月20日，财政部根据陈云批示发出的《关于补助文化事业费的通知》。

量安排明年录音的问题，其中有张如君、刘韵若的《描金凤》，曹汉昌的《岳传》，曹织云的《梅花梦》等。

1993年

7月

得知评弹演员朱雪琴患癌症，上海评弹团将为她举办舞台生涯60周年的纪念演出时，特地送给她一个条幅："姑苏城外有山塘，果是人间极乐场。沽酒店开蜂亦醉，卖花人过路犹香。"1994年朱雪琴逝世后，其家人把这幅题字镌刻在她的墓碑上。

1994年

3月10日

写信给何占春，安排录音节目和退还录音胶带。随信带去送给评话演员吴子安的一个条幅："横眉冷对千夫指，俯首甘为孺子牛。"

5月中旬

向周良提出，希望能听听长篇弹词《智斩安德海》这部书的录音。6月2日，周良复信说：无锡市评弹团吴迪君、赵丽芳演出的《智斩安德海》已经录好，并装箱寄出。

1995年

4月10日

在北京医院与世长辞。

5月29日

牟信之等身边工作人员在《人民日报》发表悼念文章《陈云同志最后的三百二十一

天》。其中说道：陈云在工作之余，或者同疾病斗争之时，能够静下心来得到休息，就是得益于听评弹。无论到外地，还是有病住院，评弹磁带和老式放音机，是必备的物品。这次在北京医院的300多天时间里，当然也不例外。病房走廊两旁都存放着用木箱装的评弹磁带①。这些磁带主要是上海市人民广播电台录制的。不久前还要我们打电话问过，上海电台有没有"闯王进京"的评弹录音，如果有，他想听听。

---

① 陈云保存的评弹节目录音磁带，主要有：《玉蜻蜓》、《西厢记》、《英烈》、《霸王庄》、《闹东京》、《文武香球》、《包公与狄青》、《包公》、《孟丽君》、《大红袍》、《描金凤》、《再生缘》、《珍珠塔》、《赵氏孤儿》、《三国》、《隋唐》、《白蛇传》、《双按院》、《水浒》、《三笑》、《铜网阵》、《董小宛》、《杨乃武》、《假婿乘龙》、《厅堂夺子》、《新琵琶行》、《颠倒主仆》、《同光遗恨》、《雍正皇帝》、《武林赤子》、《老地保》、《求雨》、《筱丹桂之死》、《真情假意》、《一往情深》等弹词和评话的部分书回或全部书回，以及《宫怨》、《私吊》、《秋思》、《饭粥》、《新木兰辞》、《蝶恋花》、《三斩杨虎》、《满江红》、《旧货摊》等弹词开篇和弹词选曲。这些都是他生前喜欢听、也反复听过的。

书信手札及释文

给何占春的信

（一九七七年十一月四日）

占春同志：

八月十日信早收到。时常想到复信，但时常又忘了，昨晚特别记住今天要复你一信。

谢谢你的问候。可惜我不会吟诗，总之谢谢你的好意。

今年七月由杭州路经上海时，向宗锡同志问过你，知道你在教书。

我的心脏病已有十九年了，还好，这十九年中只发过四次，七四年发了一次。现在还好。但体力精力比十多〈年〉前大大下降了，现在听书也好，听录音也好，不能超过一小时。

你根据血压情况，控制上班下班，这样好。

今年六月十五——十七日在杭州开了一次评弹座谈会，材料照片宗锡同志处都有，你有兴趣可以找他给你看看。

上海台保存老艺人的节目不少，就是徐云志的只有两回书。徐不久前患脑溢血。

在我身边工作的同志都已调动工作。于若木现在天天在科学院上班，早出晚归。

专复，并致

敬礼！

陈　云

七七，十一，四日晨

宗锡同志：

我在二月廿日□□心脏病经医生诊断，已有两只瓣膜

供血已够，还不严重。脱去做心脏瓣膜。

六月间我看了新华社南京分社的内部参

考消息，知道了四月一日至十九日在苏州召开评弹团座谈

世会演的情况，除了说工些好的评弹团

了还展开了批评，另外说了些打碎的人邪心评弹有

其中有（一）书目太少（二）书场不足（三）过去不教书材的演

员们去编词。

另外中央宣传部已批准了文化部上演的十一个传

统书目。

给京剧的剧目。

请你考虑，评弹是否也可以把一些
同评话审查批准演出演。这样院里就决了书目
也的围绕也可很一些老艺人上演。

古典现代题材的言该俗先导民俗这一点好
应肯定。但是上演评弹题材的回目比我去年抗
世而改封爱早得多也可以早些。去年我抓得
很好材的上演，但那时记了若干年代，这是当时
我争论这是其中精力搞出若干种书，防止艺人死去
很在热心神而定，当材这样记是有一定的原因的。

因为编写这说浪说有很多方面老师的中青艺人
学中力学记如此却如此影是材的书。

如果浪说书的回目上说，立说评过一番害
害，因为评弹小字剧不同，亲剧的连白唱词都是

空了明，评弹的书的结构起此也大的空了的但
个艺说害时而有不同，所以要加以害害。

害害阶上烂放幅头，但另一方面也不要艺人左名
上一本正经侠师公会味。

害记律书的报有三点，一是上说不连贯的理像
田的回目，这害放力的放快。因为我师说过的那放内

演出的评话和弹词，说太多，故书中有这样的程好的回目，稍嫌不连贯的记录回以补，书目太少的想工家个中篇，但回数加多。第三年时，加上第二年的连贯的记三五回或十回左右，第二年的记三五回或十回左右，预创作加工方号的。

林加工，并不是每个评弹了都有这因都有处，看素围到此。我已收上演…一些演得的回因，以何如请你

借汽哺的回因，以何如请你考虑一下，安排好了，我用良、施振耕言苦一下。

书中至盼

敬礼！

陈云　兵年七月八日

给吴宗锡的信

（一九七八年七月八日）

宗锡同志：

我在三月卅一日心脏病轻度复发，四五两月只能休息，还好，还未卧床。现在已恢复健康。

六月五日我看了新华社南京分社的内部参考消息，知道了四月一日至十九日江苏全省评弹团在苏州会演的情况，除了说了一些粉碎"四人帮"后评弹有了进展以外，另外说了些目前还存在的困难问题，其中有（一）书目太少，（二）书场不足，（三）过去下放农村的演员仍未归队。

另外中央宣传部已批准了文化部上演四十一个传统京剧的剧目。

请你考虑一下，评弹是否也可以把一些传统题材的较好的回目经过审查批准后上演。这样，既解决了书目太少的困难，也可让一些老艺人上演。

当然现代题材的书应该占主导地位，这一点仍应肯定。但是上演传统题材的回目，比我去年在杭州所预料要早得多，也可以早一些。去年并不排除传统题材的上演，但那时说了"若干年"后，这在当时我希望是集中精力搞出若干部新书，防止艺人左顾右盼心神不定，当时这样说是有一定的原因的。目前仍然应该让较有经验而精力充沛的中年艺人集中力量说好几部现代题材的书。

如果让传统书的回目上演，应该经过一番审查，因为评弹与京剧不同，京剧的道白唱词都是定了的，评弹书的结构虽然也大体定了的，但每个艺人说表时各有不同，所以要加以审查。审查时一方面要防止烂〔滥〕放噱头，但另一方面也不要艺人在台上"一本正经"使听众乏味。

上演传统书的路有三条，一是上演不连贯的但较好的回目，这条路可能较快。因为我听过的解放后演出的评话和弹词，绝大多数书中有这样的较好的回目，暂时不连贯的说几回以补书目太少的"急"。第二条路连贯的说三五回或十回左右。第三条路，加工几个中篇，但这样加工，并不是每个评弹团都有这种创作加工力量的，看来困难些。

我主张上演一些传统书的回目，如何办请你考虑一下，必要时可找周良、施振楣商量一下。

专此，并致

敬礼！

陈　云

七八年七月八日

给吴宗锡的信

（一九七八年七月二十二日）

宗锡同志：

十八日两信和文汇报于廿日收到。我完全同意你来信的意见。经过考虑，意见如下：

（一）坚持说新书，仍然〈是〉我们必须坚持的方针。即使开一些传统分回，也仍要以说新书为主。

（二）同意你们采取有步骤的谨慎办法，于国庆节先演出五个分回。这样谨慎处理，对于你们团在评弹界的地位来说是必要的，这可以给其他团一些好影响。苏州团是集体所有制与你们不同，他们靠演出维持开支。但估计到苏州团在全省的地位，也应当谨慎一些。

同时又要看到演出若干传统分回（包括将来的若干长篇片段）也是必需的。闭目不理有几百年历史的传统书是一种历史虚无主义。只有既说新书，又努力保存传统书的优秀部分，才是百花齐放。

（三）传统分回演出时的要求应该严一些，这样才符合保存传统书优秀部分的目的。但排演时应该宽一些。演出五个分回，排演时准备五十个分回也不算多，当然不一定真要五十分回，意思是排演要多于演出的。文汇报上说已有廿四个短篇，十个中篇（折合卅个短篇），九部长篇（估计平均最少各有五回），这样共折合九十四个分回。所以即使排演的五十个分回，将来全部上演，从回数这个角度看，传统书仍只占新书的一半（当然事情不能这样简单看）。这样仍然符合新书为主的大方向。

（四）要说服有精力的中年艺人坚持创作新书，当然完全不排除他们有时也说些传统书。他们如能把新书长篇创作到十回，即使是粗糙的，这对今后评弹仍是很大的贡献，因一部长篇要相当成熟需要几代艺人的努力，但最大功绩应归开始创作者。也要说服青年艺人不但要说新书，而且也要学传统书艺术功夫，有两套本领总比只有一套本领强。估计说服他们不会很困难。

（五）我估计传统长篇不会再恢复到过去那样五六十回，像三国、英烈甚至说一年的情况，只能选择其中一个或二三个各十回左右的片段。过去说得那末长是有历史原因的，总之是艺人为了吃饭，尽量拉长卖关子。否则他不能开码头，到码头上放单档日夜场要说四个分回。对传统长篇我的意见就是这样。基本上也就是去年所想的。目前还说不到演出长篇问题，因为首先只能演分回。也没有精力来排演审查长篇。

（六）我完全同意在演出传统分回时仍要老中青合作，这样有个传帮带和学习问题。

另外，〈怒〉碰粮船可以演出。我的意见是肯定的。因为这与五九年庐山会议的那场斗争是无关的。如果争论极〔激〕烈，缓演也可以。

要肯定一九六四年说新书的功绩。虽然当时是一刀切，但不这样做，到六六年底，也逼不出现在演出的几部新长篇。一刀切使当时全部艺人对传统书无可奈何，努力于说新书。一刀切时间上有三年。文化大革命中林彪、"四人帮"连新长篇也不让演出，那才是耽误了许多人的艺术青春。但也有一个结果，物极必反，使现在大家更深刻地认识到需要恢复传统书的优秀部分。历史发展阶段是这样的：一、说传统和新编历史题材为主，略有新书如青春之歌等；二、一刀切，说新书；三、"四人帮"的评歌评戏；四、现在到了新书为主，同时保存传统优秀部分的百花齐放阶段。我认为从辩证唯物论和历史唯物论的观点来看，是合乎历史发展规律的。

我看了你来信和文汇报后，有上述意见，供你考虑。你先与周良、施振楣三个人当面谈一下，如果李太成同志同意，地点以上海为好。可由你主持先座谈一下，回顾过去一年，回顾中宣部批准文化部恢复上演四十一个京剧传统剧目后在评弹界出现的思想动态，听听外县开传统后的情况（时间只有一个半月），附带也把我这封信议论一下，随后再看是否应该吸收几个艺〈人〉扩大座谈一下。在这以后，再定是否需要在北京开一次小型座谈会。

知念，专复，并致
敬礼！

陈 云
七八年七月廿二日上午

此信收到后请先复我一简信。

再，关于"基本功"要天天练这个道理，对我有了更深印象。我向不看电视，为了研究如何处理评弹传统书问题，我破例看了：空计〔城〕计、长坂坡、杨排风、借东风、打焦赞、杨门女将六出戏。三岔口没有看。长坂坡中的赵云，杨门女将穆桂英的马童，这两位演员在使弄长枪和翻筋斗的基本功方面十年来荒芜了很多。

宗锡同志：

收到您八月八日来信，

来信说"我们完满，对你是健经书目基本上要修改"放的方针，相信府大艺人的完满，也梁塘出一点意思。另一方面还要加强行政管理及艺术评论工作。这一服且全信看来，我还马很保是很谨慎的。说过五记录审批的剧目一律不改演出。所有这些都把你你体是谨供而。但放"字"要用，因为过去有过"放的

阅毕，希以此信以"不说"发表为好。可改为"院委谨

填"又还稍"。用这八个字比"院"放字好。

接下去很"用书代"。相信广大艺人的觉悟也

必能出一点问题。为一方面还要加强行政管

现及文艺评论之作。以上请慧阅。

敬礼！

陈云

给吴宗锡的信

（一九七八年八月二十日）

宗锡同志：

昨日发信后再看一下你八月八日来信，来信说："我们觉得，对优秀传统书目基本上要体现一个'放'的方针，相信广大艺人的觉悟，也准备出一点问题。另一方面，还要加强行政管理及艺术评论工作"。这一段并全信看来，我认为你们是很谨慎的，况且还说"未经审批的剧目一律不能演出"。所有这些都说明你们是谨慎的。但"放"字不要用，因为过去有过"放"的问题，所以你们以不说"放"字为好。可改为"既要谨慎，又须积极"，用这八个字比说"放"字较好。接下去仍用来信"相信广大艺人的觉悟，也准备出一点问题。另一方面，还要加强行政管理及艺术评论工作。"以上请斟酌。

敬礼！

陈　云

一九七八年八月廿日上午

宗锡同志：

八月廿三日和囗庆节上演两台传统书目，我都同意。

你们举办开放的传统书目第一批，专篇分回、弹词开篇、送曲，昌中篇都同意。英到中专篇要改一次或两场，半塘角色好。

看了两叉化的西期简报，小专音乐。

我于九月十九日到杭州，已一星期了，你在老地方，上下午都在医内散步休息。在此亲看又件，会客，太累。此杭州此没有这些事了。临晚都好，市浦人还是适应了杭苏州一带的气候。

延期眉目还未通知她，先安杭州先保此评弹唱、这用也和找他谈了。这次我把她已的保音机和全部已保的磁带都带来了。

陈云同志
陈云·九·廿三

给吴宗锡的信

（一九七八年九月二十五日）

宗锡同志：

八月廿三日信和国庆节上演两台传统书目我都同意。你们准备开放的传统书目第一批，长篇分回；弹词开篇；选曲；五个中篇都同意。英烈中长篇两段：反武场、牛塘角，也好。

看了市文化局两期简报，非常高兴。

我于九月十九日到杭州，已一星期了，仍在老地方，上下午都在院内散步休息。在北京看文件，会客，太累。到杭州就没有这些事了。吃睡都好，青浦人还是适应沪杭苏州一带的气候。

施振楣同志还未通知他，先要杭州台录些评弹听听，这几日内就找他谈谈。这次我把自己的录音机和全部已录的胶带都带来了。问好！

陈　云

七八，九，廿五

吴宗锡同志：

前些时候，我今年三月廿日的过一次心脏功能很低，现

好了。

你回上海电台后很好。不知陈建良同志是否还在电台？

今年五月廿三日中宣部批准四十个传家剧名目恢复，

其中我以吴宗锡思范建议行，其中有四廿日信我是

有心，我认为此种恢复也很好。有些对清到吴宗锡

经过考查上级台它们一封信，有些对清到吴宗锡

同志庞春一看受评上及文化部黄缮副部私曲典陶钝以

志·又是的以又书对问的说，搬在四年春夏间一次十篇

评弹座谈结合，那时也该你参加。地点时间都未定。

我认为师弟弟一段期上师师两三次，每次一回书影了。

这些也很好。我还保存了一百七八十整照叶。可以在

你师弟去了。如果我沪苏杭结起时，你地也需的到师师中

偶健健在我们同弟弟志起师师的论我师。我的机已是黄

个那机辟这195陈建良同志知意。

问好！

陈云六·廿七

给何占春的信

（一九七八年十一月二十四日）

占春同志：

十月廿一日信收到。我今年三月卅一日有过一次心脏〈病〉小发作，现在好了。

你回上海电台工作很好。不知陈继良①同志是否还在电台？

今年五月廿五日中宣部批准四十一个传统京剧剧目演出后，我与吴宗锡同志通过几次信，其中七月廿一日信②，我是经过考虑比较全面的一封信，有便时请到吴宗锡同志处看一看。此信已送文化部黄镇部长和曲协陶钝同志。如果身体可以又有时间的话，拟在明年春夏开一次小型评弹座谈会，那时也请你参加，地点时间都未定。

我现在听录音一星期只能听两三次，每次一回书最长了。这也是年龄有关系。我还保存了一百七八十盘胶带。所以不必听新的录音了。如果到沪苏杭休息时，你把所录的新的中篇转录在我的旧录音机上能听的给我听听。我的机器是苏联制三型机③，转速19.05，陈继良同志知道。

问好！

陈　云

七八，十一，廿四日

注　释

① 陈继良，曾长期在上海市人民广播电台工作，并一直负责修理陈云使用的老式录音机。

② 指7月22日给吴宗锡的信。

③ 这台录音机是20世纪50年代苏联赠送的。

占春同志：

第二次廿八盘胶带业已收到。数量和间隔的时间不合适。现在每天只能听半回书，而且不能节听。现在的中篇约三四回，每个中篇要听七八天。不能多听。这一方面有生理上的原因，要使适节气路，看文件报纸，所以听录音三方面平衡。另一方面也有工作多些的原因。我于上月廿六日到杭州，休息情况还好。但听了两次书，每次一小时，就很累。所以不想听书了。听录音只用耳不用眼睛，比较好些。

看来既已新书遇印了问题，因为用了伸况，大家
不致听新书，这件事要如、想一下，要�记
伸况书大概很说了，现在记伸况书大概都是我作
的公司，书场又少，新的都记伸况书，作记
记书听它不来。书场少去台不同，电台心控制不感
戏少播伸况书，但书场上海和杭州都书好装前，说
控制，作在控制，听它不来。而且戏剧、电剧、其他曲
记都此心的人群时大石相同，但去禁止演的现在都已上演，
这曲便评译心记别书方之遍印国话，而且戏剧、电剧、

……于书、评弹词、戏剧、电影每次一场。可惜如多无，评弹

每天要连续演出，这种情况现领书上盖章很顺当，

说评书，情绪也听不出来。苏州文化局良同志来信，说州

人的情绪也听不出。

……书场也已问询，……她展拍摄英也谈……

此。我也没有想空来信。不知宗锦同志们……我

……还要保昆一个月左右，那时可能去上海下车停留很久，

也可以开车，步行可治牢锦同志君一下，并请印陈

敬礼！

陈云 九〇.〇.廿二晨

给何占春的信

（一九七九年四月二十二日）

占春同志：

第二次廿八盘胶带早已收到。数量和间隔的时间不合适。现在每天只能听半回书，而且不能常听，现在的中篇约三四回，每个中篇要听七八天。不能多听。这一方面有生理上的原因，要使运动走路、看文件报纸、听录音三方面平衡；另一方面也有工作多些的原因。我于上月廿八日到杭州，休息情况还好。但听了两次书，每次一小时，就很累，所以不想听书了，听录音只用耳不用看，比较好些。

看来现在新书遇到了问题，因为开了传统，大家不愿听新书，这件事要好好想一下，要阻挡说传统书大概很难了，现在说传统书大概都是精练的分回，书场又少，外县的都说传统书，你说新书听客不来。书场与电台不同，电台可以控制不播或少播传统书，但书场上海和杭州都有好几家，难于控制，你要控制，听客不来。而且戏剧、电影、其他曲艺都比"四人帮"时大不相同，过去禁止上演的现在都已上演。这也使评弹以说新书为主遇到困难，而且戏剧、电影又与评弹不同，戏剧、电影每次一场，可演好多天，评弹每天要连续演出，这种情况，使新书上座率很低，艺人说新书的情绪也低下来。苏州文化局周良同志来信，杭州书场情况也已问明，张如君、刘韵若、沈伟辰、孙淑英也谈过。我也没有想定办法。不知宗锡同志有什么主张？我大约还要休息一个月左右。那时可能在上海下车停留几天，也可能不下车。此信可给宗锡同志看一下。专此，即致

敬礼！

陈　云

七九，四，廿二晨

宗鍚同志：

去年八月四日来信单已收到，莫干山每会简报全部看过。因去年主我心脏两个多月身体不好，故未写信。

你提出要我内心化部让的意见，因九事信我看不清楚意思，故未提。

出书出人是件好事。书信意思是名在国字而印制印，不知你对改革者的兴趣意见。

评弹团最近进行一些传制改革。书信意思名君在国字而印制印，不知你对改革者的兴趣意见。

大好的月亮我将事评谈一带使色，那时子心空误。

特治王珍

敬礼！

陈云 八一·十日

给吴宗锡的信

（一九八一年一月十日）

宗锡同志：

去年八月五日来信，早已收到，莫干山年会简报全部看过。因去年立秋后有两个多月身体不好，故未复信。

你提出要我向文化部说的意见，因为来信我看不清楚意思，故未提。

出书出人是件难事。来信意思是否在国家所有制评弹团中可否进行一些体制改革？这个意见是好的，不知你对改革有何具体意见？

大约四月前后我将来沪杭一带休息，那时可以面谈。

特复，并致

敬礼！

陈 云

八一，一，十日

力群同志：

上届会评弹团征稿评

志写的"其情做了，是评弹

中了好的中篇，已画在去年，

提高表演在作品、有机会观众中

时载气息，时间长表演有新

高，之可把重在基础上

改编为话剧。改编时未必不变，

但艺术处理，必须还是京剧

经的特点。因此可仍请剧团排

「这个中编已在今年第二期戏

曲艺」上发表，至而省经

格丹月色印一个稿复。特此一告。

陈云 三、六、廿。

给邓力群的信

（一九八二年六月十一日）

力群①同志：

上海人民评弹团徐檬丹②同志写的《真情假意》是评弹中一个好的中篇。是适应青年、提高青年的作品，有切合现实的时代气息。对广大青年有教育意义。可否考虑在此基础上改编为话剧？改编时本意不变，但艺术处理，应该适应各种剧种的特点。是否可行，请斟酌。

这个中编〔篇〕已在今年第二期《曲艺》上全文发表，并附有徐檬丹同志的一个短文。特送上一本。

陈　云

八二，六，十一。

――――――――

注　释

① 力群，即邓力群。

② 徐檬丹，评弹作家。

中央会已艺部门：

先生们：

先生九月十四日发我的信收到。所播剧的"真与微"的播意也顺了几次。已于剧本里成功。对如辛亥等。

你们问我有什意见，我有一些意见，挈请你们努力容操作，请你们商一任凭去我子以发表读。

陈雪八二、九十九日

给中央人民广播电台文艺部同志们的信

（一九八二年九月十九日）

中央台文艺部同志们：

　　你们九月十四日给我的信收到。广播剧的《真与假》的录音已听了六七次。这个剧本是成功的，我非常高兴。

　　你们问我有什么意见，我有一点意见，想请你们考虑可否采用？请你们来一位同志，我可以当面谈。

陈　云

八二，九，十九日

宗锡同志：

"激爱弄潮、寿爱"，都已听了，都好。我还要听。

"真情假意"，中央广播台又整理改编成广播剧了，包他们提了意见，吟编剧广播稿，剧本定二合

据十月十二日报，都会又连载了，不知你都已寿问室有了吗？

我可以要求其他剧作移植，因为谨勇这道伦此

苏州语侠师傅的更多一些。

中央台的节目报上有我谈话记录，点善同志知知也了吗？

点善同志对中国曲艺座有才写的意见，很好。

春月去，拟再一些。长篇，我很喜欢听。一九六二年中间，有几只脚，我觉得亦可以听一遍，"文化大革命"了。不知道台上两面的圆场节奏还多？如果很多，应该把评弹中的好腔拿出来。

有些长篇，亦少一些。这对于保存评弹和教育青年演员都有好处。上海会有脚本，而现在不会用，那很可惜，应该送上去，真情做书。"微嘴粟枝，春要坐"我觉得此处处理不通了。

我觉得枝留出我处，不适应。和郑英、沈伟辰如《闹东京》上不好（拿一式）演，去电台上由王春山去唱一次，可以。但用拿式教好。没有会成，但可保留195如评弹。

评记：

陈云 八二、廿二

香港明报载，苏世团到港演出，上座石青□情况如何

请告。此信冷云奇用纪一闷。

又及，

给吴宗锡的信

（一九八二年十月二十二日）

宗锡同志：

《假婿乘龙》、《春梦》都已听了，都好。我还在听。《真情假意》中央广播台文艺部改编成广播剧我听了，向他们提了意见，改编后也已广播，剧本在工人日报十月十一、十二日都全文连载了，不知你和占春同志看了吗？

我所以要求其他剧种移植，因为讲普通话比苏州话使能听懂的更多一些。

中央台的节目报上有我谈话记录，占春同志不知见了吗？

占春同志对中国曲艺应有专家的意见，很对。

占春同志拟录一些长篇，我很赞成。一九六二年中国还未自制胶带时，我就想要求电台录，但后来"文化大革命"了。不知上海台所有的国产胶带多不多？如果很多，应该把评弹中的各种长篇，有选择的多录一些。这对于保存评弹和教育青年演员都有好处。如上海台有胶带，不急用，那占春同志送来的《真情假意》、《假婿乘龙》、《春梦》我希望都留在我处，不退还。

孙淑英、沈伟辰的《闹柬》录音不好（盒式），请在电台上由占春同志再录一次，可否。仍用盒式最好。没有盒式，仍可录19.05的胶带。

敬礼！

陈　云

八二，十，廿二日

香港明报载，苏州团到港演出，上座不高。情况如何，请告。

此信给占春同志一阅。

又及。

给吴宗锡的信

（一九八二年十一月五日）

宗锡同志：

十月廿八日信收到。

（一）《真情假意》各方面都在移植，我看应该选择那种最有广泛性的剧种为准，例如话剧或电影。可由你判断，告诉文化局转告陈沂①同志。不宜多演的，应停止。

（二）评弹仍无起色，应该从社会方面去找原因。应该承认评弹遇到了困难，无视几年来的情况不是唯物论。

专复，并致

敬礼！

陈 云

八二，十一，五日

注 释

① 陈沂，时任中共上海市委副书记兼宣传部部长。

宇锡同志：

一月十六日信，今天才看到。

一、评评围改革要谨慎博一些，因为时看很多，评书场泡此也很大。而且我建议评评围记这应该败路？……这一了规刑……

二、……的探索，云损……

三、私密工作……少记一些，至少经过了……

……多年时间。

青陵道此

陆云八三、二八日

致敬！

给吴宗锡的信

（一九八三年二月八日）

宗锡同志：

一月廿八日信，今天才看到。

一、评弹团改革要谨慎一点。因为野书很多，演出场次比重很大。而且我认为评弹团现在应否改？如何改好？应该先有一个规划。经三五年时间的探索，不算慢。

二、私营工商业改革，少说一点，至少经过了六年时间。

专复，并致

敬礼！

陈 云

八三，二，八日

给何占春的信

（一九八三年八月十二日）

占春同志：

周玉泉的《文武香球》我拟留下十盘，我手头有几盘是苏州台录下的，比上海台的好。

此外，可以将孟丽君的录来，以后再录杨斌奎的描金凤。

此外苏州评弹学校学生的几回再听几次后即送还。

陈　云

83/8/12日

学启同志：

送上画册五册。以宿可以建设师下专书

说得程好，这专利出后已一回借册。

特送五册

敬礼，

陈毫八三·十·廿日

给何占春的信

（一九八三年十一月二十八日）

占春同志：

送上西厢五回。以后可以继续听下去。书说得极好。过去我只听过一回借厢。

特复，并致

敬礼！

陈 云

八三，十一，廿八日

宗锡同志：

一、"往情深"题字于好画稿，我听了十分欣快。

二、九月十四日信收到，现主上庵和江

浙書場情况堪忧。

三、明年的五月再听一次"往情深"。

那时可能立杭州。健康成信

我记！今去杭州再会。陆

给吴宗锡的信

（一九八三年十一月二十八日）

宗锡同志：

一、《一往情深》是一个极好的中篇，我已听了十几次。

二、九月十四日信收到，现在上海和江浙书场情况望告。

三、明年四、五月再听一次《一往情深》，那时可能在杭州。继续抓几年的办法，明年在杭州再定。

敬礼！

陈　云

八三，十一，廿八日

给周良的信

（一九八四年一月六日）

周良同志：

看了《评弹艺术》第二集邱肖鹏、郁小庭①同志写的文章《努力搞好新长篇》，非常高兴。他们说"打败仗的教训更为可贵"，这句很对。世界上没有常胜将军，打过胜仗也打过败仗，这样的将军是最能打仗的将军。邱、郁二同志又说"失败乃成功之母"，这句话也说得很好。不经失败不可能立即成功。我希望他们坚持努力搞出一个新长篇。

请代我向邱、郁二同志问好，祝他们成功。

陈　云

八四，一，六日

注　释

① 邱肖鹏、郁小庭，均为评弹作家。

给何占春的信

（一九八四年四月四日）

占春同志：

前几月，我要复制徐文萍唱的《秋思》，听说上海台已没有这一唱段，现在将我存的徐文萍《秋思》和《私吊》在杭州台录了一次，请你在上海台保存。

下面一段唱片是"文革"前我自己录的。杭州台也录下了。这一段可以不保存。

这盘磁带你不必退还我。

西厢十盘已收到，尚未听，听后将退还你。此致

敬礼！

陈　云

八四，四，四日

宗锡同志、

九月廿三 书信提到"三国"、"岳传"、昆曲之

给演员以特别补贴,以保存艺

术,这个意见我赞成。

那些属於需要给以补贴的

目如剧目分寸必须掌握好,

文化局评钞争十道以讨论之不,不要

引起争论。向好！

陈宝 十其

给吴宗锡的信

（一九八四年十月二十五日）

宗锡同志：

九月廿二日来信提到《三国》、《岳传》、昆曲，应给演员以特别补助，以保存艺术。这个意见我赞成。

那些属于需要给以补助的书目和剧目，分寸必须掌握好。文化局、评弹领导小组要先讨论一下，不要引起争论。

问好！

陈　云

八四，十，廿五。

给周良并邱肖鹏等的信

（一九八四年十月二十五日）

周良同志并丘〔邱〕肖鹏和两位演员①：

《九龙口》录音（送来的廿六回）今天上午都听完了。听录音中演员说："明日说给你们听。"看来还有好几回书，请录后送来。

《九龙口》这部书是长篇。听后我认为这是一部成功的创作。照例对于新的作品，我非常赞赏，希望继续演出，边演边改。

已送来的廿六回我还要重复听几次。

祝你们成功！并致

敬礼！

陈　云

八四，十，廿五日

注　释

① 两位演员，指苏州市评弹团演员魏含玉、侯小莉。

给周良的信

（一九八五年二月二日）

周良同志：

《九龙口》卅二回书都听了两遍。这是一部新长篇，你们费了很多力量，才有这样的成绩。全书的组成和结局，都处理得很好。希望你们边演边改。不知演出时听众反映如何？请告。

这卅二回胶带我要保留起来。估计卅二盒胶带至少要一百五六十元，请将胶带成本告我，以便寄钱给你。

为了祝贺你们编演成功，我特写了五个条幅给你和邱肖鹏、郁小庭、魏含玉、侯小莉同志，请收。

特此问好！

陈　云
八五，二，二日

给吴宗锡的信

（一九八六年三月五日）

宗锡同志：

一月二日信收到。关于《筱丹桂之死》廿六回已听完。你来信对于这篇新长篇的一些评价，我同意。但是我认为还是成功的一部新长篇。

老的评弹书目，已不受欢迎，前一时期青浦会议以前，我们对于乱放侠义小说一类的所谓新书更认为是坏书。像《筱丹桂之死》这样新长篇，是听众愿意接受，而内容又不坏，看来目前的新书，只能如此，以后慢慢改进。

对于这部新书，对今后新书意见，我今春南来，还可讨论。

此致

敬礼！

陈　云

86/3/5

附周良的来信，请看一下。

和评弹界人士在一起

　　■ 1977年6月15日至17日，陈云在杭州主持召开评弹座谈会，研究粉碎"四人帮"以后如何恢复和发展评弹艺术的问题。图为陈云同与会者合影留念。左起：施振眉、张育品、吴宗锡、陈云、王正春、周良、尤惠秋。

■ 1979年6月初，陈云在上海同吴宗锡（左二）、何占春（左一）交谈。

■ 1980年4月20日，陈云在杭州观看上海评弹团的演出后，同演员杨振言（右二）、马小虹（右三）、余红仙（右六）、张振华（右七）等合影留念。

■ 1980年4月28日，陈云在杭州观看上海评弹团杨振言、余红仙的演出。

■ 同余红仙亲切交谈。

■ 1980年5月1日，陈云在杭州参加浙江省庆祝"五一"国际劳动节联欢活动。图为步入文艺演出会场。前排左起：陈云、铁瑛、胡乔木。

■ 会见文艺界人士。
左三为胡乔木。

■ 观看评弹演出。前排左三起：铁瑛、陈云、胡乔木、李丰平、陈作霖。

■ 1981年5月1日，陈云在杭州参加浙江省庆祝"五一"国际劳动节联欢活动时，观看评弹演出。前排右起：王鹤寿、铁瑛、陈云、姚依林、李丰平。

■ 演出结束后，陈云分别同评弹演员蒋云仙（右图）、孙纪庭（中图）、周映红（左图）握手，祝贺他们演出成功。

■ 1981年5月12日，陈云在杭州云栖会见上海、浙江评弹界人士，并同他们进行座谈、合影留念。前排左起：江文兰、刘韵若、唐耿良、施振眉、史行、陈云、吴宗锡、李仲才、庄凤珠、周映红。后排左起：张振华、饶一尘、孙钰亭、赵开生、苏似荫、张如君、蒋希均、马来法。

■ 陈云同苏似荫亲切交谈。中为吴宗锡、张振华。

■ 陈云同赵开生握手、交谈。后排左起：施振眉、吴宗锡、张如君、唐耿良。

■ 陈云分别同庄凤珠（上图，中为赵开生）、饶一尘（中图，中为孙钰亭）、江文兰（下图）握手、交谈。

■ 1982年3月18日，陈云在苏州南园饭店与吴宗锡、周良交谈。

　　■ 1982年3月24日，陈云在苏州南园饭店会见苏州评弹学校师生代表，并观看他们的汇报演出。图为陈云与苏州评弹学校师生代表合影留念。二排右起：夏玉才、尤惠秋、周良、陈云、曹汉昌、庞学庭、谢汉庭。后排右起：朱雪吟、王鹰、王月香、丁雪君。其余五位为学生代表。

■ 陈云同周良、曹汉昌、谢汉庭在一起交谈。

■ 1982年4月中旬，陈云在杭州观看上海评弹团的演出后，与演员和身边工作人员合影留念。左起：张如君、沈伟辰、毛崇横、陈云、王玉清、孙淑英、刘韵若。

　　■ 1982年4月29日，陈云在杭州云栖会见上海、江苏、浙江评弹界人士，并同他们进行座谈、合影留念。一排左起：吴宗锡、朱雪琴、周良、于若木、陈云、张鉴庭、杨振雄、孙家贤、毛崇横；二排左起：周剑英、余红仙、张鉴国、杨振言、吴君玉、张效声、施振眉；三排左起：朱佳木、马来法、蒋希均、赵开生、朱良欣、王传积、华士亭、胡仲华。

杭州云栖舒篁阁内，陈云与评弹界人士谈笑风生，气氛活跃。

■ 话到开心处，举座欢笑声。

■ 幽默风趣，其乐融融。

■ 聆听，商讨。

■ 询问年龄。

■ 步出会场。

■ 陈云分别同张鉴庭（左图）、杨振言（右图，中为杨振雄、朱雪琴）握手、问好。

■ 陈云分别同张鉴国（左图）、余红仙（右图）握手、问好。

■ 竹径交谈。前排左起：朱良欣、张鉴庭、周良、陈云、吴宗锡。背影者为赵开生。

■ 1982年7月1日，陈云在北京中南海会见评弹界著名人士，并同他们亲切交谈。

■ 合影留念。左起：施振眉、唐耿良、汪雄飞、曹汉昌、陈云、吴宗锡、蒋月泉、周良。

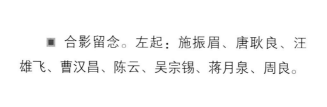

■ 1982年5月1日，陈云在杭州与吴宗锡、周良、施振眉在一起交谈，并阅读他们带来的关于编辑评弹的谈话和通信书稿设想的报告。

■ 1982年9月20日，陈云在北京中南海会见中央人民广播电台文艺部编导刘保毅，谈对广播剧《真与假》的修改意见。

■ 1982年11月21日，陈云在北京中南海会见来京演出的上海评弹团演职人员。前排左起：杨振雄、陶钝、朱雪琴、陈云。

■ 陈云同杨振雄握手、交谈。中为冯忠文，右一为陶钝。

■ 陈云同朱雪琴、吴君玉相互问候。

■ 陈云同余红仙、张如君、刘韵若、吴君玉等在一起。

■ 合影留念。前排左起：杨振言、杨振雄、陶钝、陈云、朱雪琴、冯忠文、吴君玉。中排左起：史丽苹、卢娜、王惠凤、黄缅、沈世华、刘韵若、余红仙、庄凤珠、孙庆、秦建国。后排左起：朱佳木、徐惠新、王传积、陈希安、张振华、张如君、杨骢、黄嘉明、毛崇横。

■ 1983年4月19日，陈云在杭州观看上海评弹团张如君、刘韵若的演出。

■ 演出结束后，陈云向张如君、刘韵若表示祝贺。

■ 陈云同孙家贤、胡仲华、张如君、刘韵若亲切交谈。

■ 合影留念。左起：孙家贤、刘韵若、陈云、张如君、胡仲华。

■ 1983年4月30日，陈云在杭州观看浙江省曲艺团的演出，庆祝"五一"国际劳动节。前排左起：薛驹、王芳、陈云、铁瑛、李丰平。

■ 演出结束后，陈云与评弹演员周剑英（右三）、朱良欣（右二）等亲切交谈。

■ 1983年7月10日，陈云在北京中南海同吴宗锡、周良、施振眉交谈，并合影留念。

■ 1984年2月2日，陈云在北京中南海邀请曲艺界著名人士进行座谈。图为陈云与马增蕙握手。左一为侯宝林，左三为刘兰芳，左四为高元钧。

■ 1984年4月2日，陈云在杭州观看上海评弹团青年队演出《一往情深》后，同演员们愉快交谈。

■ 合影留念。前排左起：王惠凤、石文磊、孙家贤、陈云、吴宗锡、卢娜、冯小瑛。后排左起：胡仲华、郭玉麟、范林元、王建新、王锡钦。

■ 上海评弹团青年队在杭州演出现代中篇弹词《真情假意》的剧照。

■ 1984年5月1日，陈云在杭州观看浙江省曲艺团的演出。右一为孙家贤。

■ 陈云同评弹演员骆德林、骆文莲等亲切交谈、合影留念。

■ 1986年4月19日，陈云在杭州观看苏州评弹学校师生汇报演出时开怀大笑。

■ 陈云同毕康年握手、交谈。左一为曹汉昌，左三为周良。

■ 陈云——这位苏州评弹学校的"名誉校长"，高兴地同师生代表在一起。

■ 合影留念。中排左起：俞蔚虹、毕康年、周良、曹汉昌、陈云、王鹰、于若木、许洪祥、邢晏春；后排右四为邢晏芝；前排左一为盛小云。

■ 1986年4月23日，陈云在杭州同施振眉愉快交谈。

■ 1986年5月1日，陈云在杭州观看浙江省曲艺团的演出。前排左起：王芳、陈云、江华、薛驹、李丰平。

■ 演出结束后，陈云同评弹演员朱良欣亲切握手。左一为陈慧琼，右一为高美玲。

■ 同评弹演员合影留念。左起：周剑英、陈慧琼、朱良欣、陈云、高美玲、王柏荫。

■ 1986年5月23日，陈云在上海同吴宗锡、何占春交谈。

■ 1987年3月26日，陈云在杭州。

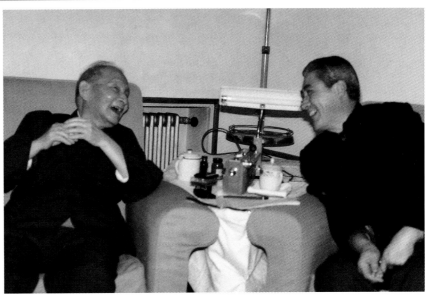

■ 1987年3月26日，陈云
在杭州同吴宗锡、何占春在一
起交谈。

■ 1987年4月30日，陈云在杭州观看苏州评弹学校师生的汇报演出。图为邢晏春、邢晏芝正在演出。

■ 陈云同周良交谈。

■ 合影留念。中排左起：潘益麟、邢晏春、朱寅全、王鹰、于若木、周良、陈云、周文祥、邢晏芝、俞蔚虹、王映玉、陈勇。前排右一为蔡小华，右二为张丽华；后排左一为吴伟东。

■ 1987年5月1日，陈云在杭州观看浙江省德清县评弹团张雪麟、严小屏等的演出，欢度"五一"国际劳动节。前排左起：王芳、陈云、江华、薛驹。

■ 演出结束后，陈云同演员亲切握手，祝贺演出成功。前排右二为严小屏，右三为张雪麟，左一和左二分别为浙江省曲艺团华强和陈影秋。

■ 1988年3月28日，陈云在杭州观看苏州市评弹团龚克敏、王映玉的演出。图为陈云同周良、龚克敏、王映玉在一起交谈。

■ 1989年2月3日，陈云在杭州参加春节联欢会，观看浙江省曲艺团、杭州市曲艺团、湖州市评弹团的演出。这是陈云生前最后一次在现场听书。前排右起：李泽民、陈云、江华、铁瑛。

■ 图为朱良欣、周剑英、郑缨、王文稼、严燕君正在演出。

■ 1989年3月15日，陈云在杭州与何占春交谈。

■ 1992年12月25日，陈云在上海与吴宗锡、何占春交谈。

编后记

　　为纪念毛泽东同志《在延安文艺座谈会上的讲话》发表70周年，贯彻落实党的十七届六中全会关于推动社会主义文化大发展大繁荣的指示精神，深入学习和研究老一辈革命家的文艺思想，中央文献研究室第三编研部编辑了《陈云与评弹界》这部图集。

　　新中国成立后，除"文化大革命"十年外，陈云同志从1958年到1966年、1977年到1995年去世，长达27年的时间里，一直同评弹界有着连续不断的交往。这不仅仅是他的业余爱好和养病、休息的需要，而是以党和国家领导人的责任感，用具体指导评弹这个传统文艺形式的实践，探索我们党在新时期应该如何领导文艺健康发展的问题。作为党和国家领导人，在繁重的工作之余，同文艺的一个曲种，联系时间之长，研究之深入，指导之具体，也是少见的。从中体现了陈云同志一贯的思想和作风。

　　本图集以1983年12月出版的《陈云同志关于评弹的谈话和通信》的编后记，略加删节，作为代序。这本书是经陈云同志生前审定过的。本图集按时间分为两大部分，共收录40余封书信手札和近百张照片，许多是过去没有公开发表过的。在每部分前，我们还以谈话、书信为主线，以年谱形式编辑了"交往纪事"，简明扼要地记述了陈云同志同评弹界交往的情形和发表的重要意见。为便于读者阅读，书信手札均附有释文，这些释文以尊重书信原貌为原则，除订正原文中少量笔误，即错别字、漏字、衍字分别用〔〕、〈〉、［］符号标明外，不做其他文字编辑。此外，我们还对"交往纪事"和书信手札的个别地方作了必要的简明注释。

　　本图集资料主要来自中央文献研究室保存的档案。在评弹界同陈云同志交往最多的，分别在上海、江苏、浙江长期从事评弹领导工作的吴宗锡、周良、施振眉，大力支持了本图集的编辑工作。吴宗锡提供了陈云同志写给他的信件和他保存的珍贵的照片。周良提供了他编著的《陈云和苏州评弹界交往实录》修改稿，作为我们的重要参考。施振眉给予了许多咨询帮助。浙江省曲艺家协会主席马来法、秘书长庄洁，上海评弹团副团长周震华，苏州市评弹团艺术监督周明华，上海艺术研究所研究员彭本乐，也为本图集的编辑工作提供了不少具体帮助。在此一并表示深深的感谢。

本图集收录的照片，由于时间久远、编辑体例所限，作者恕不一一列出，在此致歉并表谢意。

参加本图集编辑工作的有：陈群、孙东升、陶永祥、梁营、胡鹏飞。

由于时间仓促，错讹在所难免，欢迎读者批评指正。

编　者

2012年5月

图书在版编目（CIP）数据

　　陈云与评弹界/中共中央文献研究室第三编研部编.
-- 北京：中央文献出版社, 2012.8
　　ISBN 978-7-5073-3579-8
　　Ⅰ.①陈… Ⅱ.①中… Ⅲ.①陈云（1905～1995）—
生平事迹 Ⅳ.①K827=7
　　中国版本图书馆CIP数据核字(2012)第129265号

陈云与评弹界

编　辑
中共中央文献研究室第三编研部

出　版
中央文献出版社
（北京西城区前毛家湾1号）

责任编辑
杨茂荣

责任印制
郑　刚

销售热线
010-63097018　66183303　66160982

网址
www.zywxpress.com

装帧设计
北京神州星光文化传媒有限公司

制版印装
福建彩色印刷有限公司

889mm×1194mm　　　1/16开　　　　18印张
2012年8月第1版　　　2012年8月第1次印刷

书号：ISBN 978-7-5073-3579-8
定价：300.00元